税　法

注册会计师考试辅导用书·冲刺飞越
（全2册·上册）

斯尔教育　组编

北京理工大学出版社
BEIJING INSTITUTE OF TECHNOLOGY PRESS

·北京·

版权专有 侵权必究

图书在版编目（CIP）数据

冲刺飞越. 税法：全2册 / 斯尔教育组编. —— 北京：
北京理工大学出版社，2024.5
注册会计师考试辅导用书
ISBN 978-7-5763-4026-6

Ⅰ. ①冲… Ⅱ. ①斯… Ⅲ. ①税法—中国—资格考试
—自学参考资料 Ⅳ. ①F23

中国国家版本馆CIP数据核字(2024)第101144号

责任编辑： 时京京	**文案编辑：** 时京京
责任校对： 刘亚男	**责任印制：** 边心超

出版发行 / 北京理工大学出版社有限责任公司

社　　址 / 北京市丰台区四合庄路6号

邮　　编 / 100070

电　　话 / （010）68944451（大众售后服务热线）
　　　　　　（010）68912824（大众售后服务热线）

网　　址 / http://www.bitpress.com.cn

版 印 次 / 2024年5月第1版第1次印刷

印　　刷 / 三河市中晟雅豪印务有限公司

开　　本 / 787 mm×1092 mm　1/16

印　　张 / 22

字　　数 / 550千字

定　　价 / 46.10元（全2册）

图书出现印装质量问题，请拨打售后服务热线，负责调换

当你翻开此页时，你还记得刚刚拿到税法《打好基础》时的期待吗？还记得第一次跟税法直播课时的激动吗？还记得刚开始学习备考时的热情吗？时光荏苒，转眼间几个月过去，我们一起迎来了短衣短袖的季节，也迎来了复习备考的冲刺阶段和这本图书。当你正式进入冲刺阶段时，不妨先做个深呼吸，想想来时的自己，想想来时走过的路，告诉自己，行百里者半九十，不忘初心，方得始终。

本书在兼顾了考试技巧和学科复习痛点的基础上，将税法基础阶段所学内容进行了精炼和拆分，重组为8大模块，再加1个必备清单，即"8+1"组合。建议在冲刺飞越阶段做到以下三点，更加有效地复习备考，最终实现飞越：

第一，跟紧直播课。跟随老师上课节奏，不松懈、不倦怠，课上做好笔记，课后及时总结回顾，做到"当日事当日毕"。

第二，及时复习和练习。听懂不代表记住，记住不代表会做题。对于直播课上学习的知识点最好在第二天再复习一遍，强化印象。同时，完成与该知识点对应的题目，拒绝"囫囵吞枣"式敷衍做题，而要"庖丁解牛"式认真做题，对于掌握不好、拿不准的选项必须逐项明确标记"√""×"。老师在编写题目解析时，对每一个选项为什么正确、为什么错误写得很详细，知识要点也不少，因此做题核对答案又是一个复习的过程。

第三，针对本篇中的特色栏目，【通关绿卡】对于易错易混点进行提示并提供了一些解题技巧，新增的【记忆口诀】用短小精悍的内容助力记忆，【必备清单】强化大税种需要背记以及小税种需要反复复习的内容，以应对不同税种的考查方式。建议各位考生根据自身情况抓准重点、难点，适当取舍，勤看勤记，用"重复对抗遗忘"。

在冲刺的道路上，不只你一个人在奔跑，有斯尔的老师们和各个团队小伙伴们的陪伴，也有无数正在备考的小伙伴们与你一同比武争锋。切记"读不在三更五鼓，功只怕一曝十寒"，吃透这本书，相信你一定能过！加油！

使用指南 飞越必刷题篇

本篇内容为知识点的配套习题，将税法全书内容划分为八个模块，以便在复习时能够形成知识框架。

同时，本书是在经过了大量的真题研究之后精心编写的，题目综合性较强，有利于加强考生对知识点的理解。此外，我们还特地设置了两大特色栏目，来提高同学们的做题正确率和速度。

第一，应试攻略。

针对考查频次较高且学习难度稍大的易混淆的知识点，在对应习题后都设置了应试攻略。希望借助此栏目，为各位考生提供解题思路与应试技巧，帮助各位考生准确识别考题中可能的"坑点"，提高的考场应变能力和做题速度。

第二，高亮标记背记内容。

税法，熟知的一个特点即碎，需要记忆的内容很多。快考试了，哪些是需要准确记忆的高频考点？这是这个阶段广大考生共同的心声，因此，在【斯尔解析】清晰地标注了必背知识点，借此帮助考生准确识别重要考点。

目　录

99 记篇

第四模块

其他小税种

第五模块

房地产相关税种

第八模块

国际税收、税收征管、税务行政法制

必备清单

飞越必刷题篇

必刷客观题

必刷主观题

通关绿卡 速览表

命题角度	记忆口诀	页码
各税种税收收入的划分	（1）中央政府固定收入：消、进增、关、船、车。 （2）中央与地方共享收入：三大：增（5：5）、企（铁银海油归中央，其余6：4）、个（6：4）。 三小：资（海油归中央）、城（铁银保归中央）、印（证券交易归中央）	5
增值税税率的记忆	适用9%税率的服务：交邮基建、租售不动。 适用9%税率的货物：粮奶食油盐、水煤各种气、书报杂音电、料肥三农二甲醚。 境内单位对境外提供适用0%税率的服务：国航研合设广软、电路信息业离转	14
建筑服务、不动产、房地产预缴、申报和预征率的记忆口诀	建筑简易用"差""差"。建筑一般用"差""全"。 取得简易用"差""差"。取得一般用"差""全"。 自建、出租用"全""全"。 房企简易用"全""全"。房企一般用"全""差"	23
一般纳税人适用于简易计税方法的项目	一般纳税人适用于简易计税方法3%征收率的部分项目："漫、影、文体、公、仓、装、派、斯尔、包、工、再生"。 一般纳税人适用于建议计税方法5%征收率的部分项目："人、劳、不老"	25
不同情形下应税消费品销售价格的确定	自产自用的，先用同类消费品平均售价。没有的，用"自产自用组价"。 委托加工先用受托方同类消费品平均售价。没有的，用"委托加工组价"。 进口应税消费品，直接用"进口组价"	42
烟叶税计算中的比例	（1）价外补贴统一按照10%计算。 （2）比例税率20%	47
车船税退补税的计算	开始、停止计算车船税的月份都是"当月"：盗抢退货当月退，失而复得当月交	54

99 记篇

第一模块

税法总论

- 此模块内容主要为"第一章 税法总论"的税法基础知识，适合考前突击记忆。
  - （1）出题方式：客观题。
  - （2）近三年分值：约2分。
  - （3）与其他章节的结合：无。

你还记得刚刚开始复习备考CPA 时候的心情吗？还记得刚开始学习的激情吗？还记得前路的样子吗？从今天起，以梦为马，不忘初心，负重前行！

第 **1** 记 ｜2分｜ ## 税法概念和税法原则

飞越必刷题：1、5

（一）基本概念

概念	具体内容
税收	（1）税收是经济学概念，解决的是分配问题，其本质是一种分配关系，是税法的主题内容。 （2）国家征税的依据：政治权力。 （3）特点：无偿性、强制性和平等性
税法	（1）税法是法学概念，用以调整国家与纳税人之间在征纳税方面的权利及义务关系的法律规范的总称，是税收的体现形式。 （2）特点：义务性和综合性
税收法律关系	（1）主体：征税方（包括各级税务机关和海关）和纳税方。 （2）客体：征税对象。 （3）内容：主体所享有的权利和所应承担的义务，是税收法律关系中最实质的东西，也是税法的灵魂

（二）税法基本原则（四项）

提示：对纳税人负担能力的考查时，税收公平原则强调"公平可比"，实质课税原则强调"抛开现象看本质"。

原则	重点内容
税收法定原则	税法基本原则中的核心，包括税收要件法定原则、税务合法性原则
税收公平原则	税收负担必须根据纳税人的负担能力分配，"禁止不平等对待"
税收效率原则	包括经济效率、行政效率

续表

原则	重点内容
实质课税原则	应根据纳税人的真实负担能力决定纳税人的税负，而不能仅考虑相关外观和形式

（三）税法适用原则（六项）

原则	重点内容
法律优位原则	高位法的效力优于低位法：税收法律>税收授权立法（或行政立法）>税收行政法规>税收部门规章
法律不溯及既往原则	新法替代旧法时，对新法实施之前的行为不得适用新法，只能沿用旧法
新法优于旧法原则	对同一事项新法、旧法有不同规定时，新法的效力优于旧法
特别法优于普通法原则	对同一事项两部法律分别订有一般和特别规定时，特别规定的效力高于一般规定的效力
实体从旧、程序从新原则	实体税法不具备溯及力，程序性税法在特定条件下具备一定的溯及力
程序优于实体原则	在税收争议和诉讼发生时，程序法优于实体法

通关绿卡

命题角度1：直接考查税法原则分类。

例如："下列各项税法原则中，属于税法基本原则的是（　　）"或"属于税法适用原则的是（　　）"，此类题目难度不高，牢记四项税法基本原则和六项税法适用原则即可。

命题角度2：结合案例考查税法原则的含义。

例如："禁止对特定纳税人给予歧视性对待，这体现了税法原则中的（　　）"，此类题目将税法原则的含义作为题干，甚至会以案例作为题干，要求辨析其套用了哪一项税法原则。此类题目需要对税法原则及其原理和含义有比较深刻和准确的理解。

命题角度3：要求判断陈述的正误。

例如："下列关于税法原则的说法中，正确的有（　　）"等类似问题，此类题目的选项中，可能涉及上述关于税法原则分类、含义以及举例的陈述，难度较高。

税法要素

2分

第 **2** 记

飞越必刷题：2、6

税法要素	具体内容
纳税义务人	（1）基本形式：自然人和法人。 （2）相关概念：代扣代缴义务人和代收代缴义务人
征税对象	最基本的要素，体现着征税最基本的界限，决定着某一种税的基本征税范围，是区别一种税与另一种税的重要标志
税目	征税对象的具体化，反映具体的征税范围，体现征税广度。 提示：并不是所有税种都有税目
税率	（1）比例税率（例如车辆购置税、增值税、企业所得税、城市维护建设税）。 （2）定额税率（例如城镇土地使用税、耕地占用税、车船税、船舶吨税）。 （3）累进税率：超额累进税率（个人所得税）、超率累进税率（土地增值税）。 提示：我国目前没有采用全额累进税率的税种

税收立法与我国现行税法体系

2分

第 **3** 记

飞越必刷题：3

（一）税收立法的内容和程序

税收立法包括制定、公布、修改、补充和废止有关税收法律、法规、规章的活动。我国税收立法程序主要包括以下几个阶段：

（1）提议阶段。

（2）审议阶段。

（3）通过和公布阶段。

（二）税收立法机关和权限

立法机关	具体内容
全国人大及 其常委会	（1）拥有全国性税种的立法权，负责我国税收征收管理基本制度的设立。 （2）全国人大：《企业所得税法》《个人所得税法》。 （3）全国人大及其常委会：《车船税法》《环境保护税法》《烟叶税法》《船舶吨税法》《车辆购置税法》《耕地占用税法》《资源税法》《契税法》《城市维护建设税法》《印花税法》《税收征收管理法》

续表

立法机关	具体内容
国务院 （经全国人大及 其常委会授权）	国务院经授权立法所制定的"暂行条例"，具有国家法律的性质和地位，它的法律效力高于行政法规。 现行依然有效的税收条例：增值税、消费税、土地增值税、房产税、城镇土地使用税暂行条例和进出口关税条例
国务院	国务院制定的税法的实施细则（实施条例）属于税收行政法规。 例如：《企业所得税法实施条例》《税收征收管理法实施细则》
地方人大及 其常委会	税收地方性法规（目前仅限海南省、民族自治地区）
财政部、 国家税务总局和 海关总署	税务主管部门制定的税收条例实施细则属于税收部门规章。 例如：《增值税暂行条例实施细则》《消费税暂行条例实施细则》《税务代理试行办法》等
地方人民政府	（1）省、自治区、直辖市的人民政府制定税收地方规章。 （2）省级人民政府有本地方税法的解释权、可以在规定的幅度内，确定本地区的适用税率或税额。 例如：城市维护建设税、房产税、城镇土地使用税等地方性税种的暂行条例，规定了省级人民政府可根据条例制定实施细则

通关绿卡

命题角度：客观题考查辨别法律法规的制定机关。

（1）应明确"税收法规"的解释层级基本原则为"下级解释上级"。

（2）"×××实施条例"和"×××实施细则"这类法规，通常是为了对这四个字前面的税收法律法规进行解释而颁布的解释性文件。首先找到被解释的"×××"法律的制定者（全国人大及其常委会，或国务院授权立法），向下一级就是解释性文件的制定机关。

（3）不要把"实施条例"和"暂行条例"混为一谈，暂行条例为国务院经授权进行的授权立法。

（三）税收实体法分类

（1）企业所得税、个人所得税、契税属于直接税；消费税、关税属于间接税。

（2）增值税属于价外税；消费税属于价内税。

第 **4** 记 2分 税收执法和税收权利与义务

飞越必刷题：4、7

（一）税务机构设置与职能

（1）实行以国家税务总局为主与省（自治区、直辖市）人民政府双重领导管理体制。

（2）社会保险费由税务部门统一负责征收。

（二）税收征收管理范围划分

目前，我国的税收分别由税务、海关两个系统负责征收管理。其中，海关系统负责征收和管理的税种有：关税、船舶吨税，同时负责代征进口环节的增值税和消费税。

（三）税收收入划分

收入的划分	具体包含的税种
中央政府固定收入	消费税（包括进口海关代征的部分）、海关代征的进口环节增值税、关税、船舶吨税、车辆购置税
地方政府固定收入	房产税、城镇土地使用税、耕地占用税、土地增值税、契税、环境保护税、烟叶税、车船税
中央政府与地方政府共享收入	三个大税种：增值税（除了海关代征的进口环节增值税之外，其余5∶5）、企业所得税（铁总银总海洋石油归中央，其余6∶4）、个人所得税（6∶4）。 三个小税种：资源税（海洋石油归中央）、城市维护建设税（铁总银总保总归中央）、印花税（证券交易归中央）

记忆口诀

命题角度：各税种税收收入的划分。

（1）中央政府固定收入：消、进增、关、船、车。

（2）中央与地方共享收入：

三大：增（5∶5）、企（铁银海油归中央，其余6∶4）、个（6∶4）。

三小：资（海油归中央）、城（铁银保归中央）、印（证券交易归中央）

（四）纳税人、扣缴义务人的权利

（1）有权要求税务机关为商业秘密及个人隐私保密，但税收违法行为不属于保密范围。

（2）对税务机关所做出的决定，享有陈述权、申辩权；依法享有申请行政复议、提起行政诉讼、请求国家赔偿等权利。

（五）税务机关的义务

税务人员与纳税人、扣缴义务人或者其法定代表人、直接责任人有下列关系之一的，应当回避：

（1）夫妻关系。

（2）直系血亲关系。

（3）三代以内旁系血亲关系。

（4）近姻亲关系。

（5）可能影响执法公正的其他利益关系。

第二模块

增值税法

● 本模块为教材"第二章　增值税法"的内容。

（1）出题方式：所有类型题目均会涉及。

（2）近三年分值：约20分。

（3）与其他章节的结合可能包括：与关税、消费税结合。与房产税、土地增值税结合（销售或出租不动产）。与城市维护建设税结合（附加税费的计算）。与企业所得税、国际税收结合（国际跨境业务中对外支付）。

增值税被大家认为是税法科目中最难的章节。但备考之路上遇到的困难一定不会阻挡我们前进的步伐，再苦再难也要上！

第5记 【4分】 征税范围的一般规定

飞越必刷题：8、9、10、22、23、24、168、169

（一）基本征税范围

征税范围		具体包括
传统	销售货物	销售或进口货物、销售劳务
营改增	销售服务	交通运输、邮政、电信、建筑、金融、现代、生活
	其他	销售无形资产、不动产

（二）销售服务的具体征税范围

1.交通运输服务（税率9%）

（1）出租车公司向使用本公司自有出租车的出租车司机收取的管理费用，属于交通运输服务——陆路运输服务。

（2）水路运输的程租、期租业务，属于交通运输服务——水路运输服务。

提示：光租属于现代服务——租赁服务。

（3）航空运输的湿租业务，属于交通运输服务——航空运输服务。

提示：干租属于现代服务——租赁服务。

（4）运输逾期票证收入，属于交通运输服务。

（5）无运输工具承运业务，属于交通运输服务，经营者以"全额"作为销售额。

2.邮政服务（税率9%）

提示：邮政代理服务属于邮政服务。

3.电信服务

分为基础电信服务和增值电信服务（税率分别为9%、6%）。

提示：卫星电视信号落地转接服务，属于增值电信服务。

4.建筑服务（税率9%）

（1）固定电话、有线电视、宽带、水、电、燃气、暖气等经营者向用户收取的安装费、初装费、开户费、扩容费以及类似收费，属于建筑服务——安装服务。

（2）物业服务企业为业主提供的装修服务，属于建筑服务。钻井（打井）、拆除建筑物或者构筑物、平整土地、园林绿化、疏浚（不包括航道疏浚）、建筑物平移、搭脚手架、爆破、矿山穿孔等均属于建筑服务。

（3）纳税人将建筑施工设备出租给他人使用并配备操作人员的，属于建筑服务；如果不配备操作人员，属于现代服务——租赁服务。

5.金融服务（税率6%）

（1）贷款服务：因占用资金、拆借、货币资金对外投资而取得的利息及利息性质的收入。包括"保本收益、报酬、资金占用费、补偿金"等合同中明确承诺"保本"的投资收益、固定或保底利润，以及融资性售后回租、押汇、罚息、票据贴现、转贷等业务取得的利息及利息性质的收入。

提示：融资性售后回租业务中承租方出售资产的行为，不属于增值税征收范围，不征收增值税。

（2）直接收费金融服务、保险服务、金融商品转让。

提示：基金、信托、理财产品等各类资产管理产品持有至到期（收回本金），不属于金融商品转让，不征收增值税。

6.现代服务（除租赁服务以外，其他均适用6%税率）

（1）研发和技术服务。

提示：工程勘察勘探服务属于此项目。

（2）信息技术服务。

（3）文化创意服务。

提示：广告服务，包括广告代理和广告的发布、播映、宣传、展示等。

（4）物流辅助服务。

提示：客运场站服务、打捞救助服务、装卸搬运服务、仓储服务和收派服务属于此项目。

（5）租赁服务（有形动产租赁适用13%税率，不动产租赁适用9%税率）。

提示：将建筑物、构筑物等不动产或者飞机、车辆等有形动产的广告位出租用于发布广告，属于经营租赁；车辆停放服务、道路通行服务（包括过路费、过桥费、过闸费等）等属于不动产经营租赁。

（6）鉴证咨询服务。

提示：翻译服务和市场调查服务属于此项目。

（7）广播影视服务。

提示：包括广播影视节目（作品）的制作服务、发行服务和播映（含放映）服务。

（8）商务辅助服务。

提示：武装押运服务，属于此项目中的"安全保护服务"；拍卖行受托拍卖收取的手续费和佣金，属于此项目中的"经纪代理服务"。

（9）其他现代服务。

提示：为客户办理退票而向客户收取的退票费、手续费等收入，属于此项目；对安装运行后的机器设备提供的维护保养服务，属于此项目。

7.生活服务（税率6%）

提示：提供餐饮服务的纳税人销售外卖食品；纳税人现场制作食品并直接销售给消费者，均属于"餐饮服务"。

植物养护服务属于"其他生活服务"。

（三）销售无形资产

无形资产，包括技术、商标、著作权、商誉、自然资源使用权和其他权益性无形资产（包括单独转让土地使用权）。

提示：除转让土地使用权适用9%税率外，其他均适用6%税率。

（四）销售不动产（税率9%）

转让建筑物或者构筑物时一并转让土地使用权的，按照销售不动产缴纳增值税。

 第 **6** 记 2分 **"境内"的界定和征税范围**

飞越必刷题：10、180

（一）"境内"范围的界定

1.应税行为发生在中华人民共和国"境内"的判断条件

（1）服务或者无形资产（租赁不动产和销售自然资源使用权除外）的销售方或者购买方在境内。

（2）所销售或者租赁的不动产在境内。

（3）所销售自然资源使用权的自然资源在境内。

2.不属于在我国"境内"销售服务的情形

境外单位或者个人向境内单位或者个人销售完全在境外发生的服务和无形资产。

（二）征税范围的特别规定

1.征税范围的特殊项目

特殊项目	征收增值税	不征收增值税
罚没物品	再销售、再经营	如数上缴财政
自产创新药	生产销售自产创新药	提供给患者后续免费使用的相同创新药
单用途卡和多用途预付卡	（1）售卡方取得的手续费、结算费、服务费、管理费等收入。 （2）持卡人到特约商户消费时，特约商户的应税行为（特约商户不得开具增值税发票）	售卡或持卡人充值取得的充值或预收资金（不得开具增值税专用发票，可开具不征税普通发票）

续表

特殊项目	征收增值税	不征收增值税
财政补贴收入	与销售货物、劳务、服务、无形资产、不动产的收入或者数量直接挂钩的财政补贴	其他情形的财政补贴收入

◀ ◀ ◀ **通关绿卡**

命题角度： 在综合题中考查预付卡和财政补贴收入。

在解题时，首先应准确判别业务类型：

（1）在预付卡的情形中应区分到底是售卡方，还是特约商户。如果是售卡方，到底是收取的预存或充值资金（不征税），还是手续费、结算费或管理费（征税）。

（2）在财政补贴收入情形下，根据题目中已知条件判断，是否属于与销售产品（数量、销售额等）挂钩的补贴收入，如果挂钩则需要征收增值税。

2.不属于增值税征税范围的项目

（1）行政单位收取的政府性基金或者行政事业性收费。

（2）单位或者个体工商户聘用的员工为本单位或者雇主提供取得工资的服务，单位或者个体工商户为聘用的员工提供应税服务。

（3）存款利息、保险赔款。

（4）代收的住宅专项维修资金。

（5）资产重组中通过合并、分立、出售、置换等方式，将全部或者部分实物资产以及与其相关联的债权、负债和劳动力一并转让给其他单位和个人，其中涉及的货物、不动产、土地使用权转让行为。

第7记 **4分** 视同销售、混合销售和兼营

飞越必刷题：10、25、166

（一）视同销售

1.范围

类型	具体情形和处理
代销行为	将货物交给他人代销、销售代销货物，双方都应视同销售
自产、委托加工的货物（不含"购进"）	用于集体福利、个人消费

续表

类型	具体情形和处理
自产、委托加工或者购进的货物	用于投资、分配、无偿赠送。 提示：无偿赠送（捐赠）给目标脱贫地区的单位和个人，免征增值税
无偿提供服务、 转让无形资产或不动产	视同销售（公益目的或社会公众为对象的除外）

2.销售额的确认

视同销售的销售额要按照如下顺序来确定：

（1）按照纳税人最近时期同类应税货物、应税行为的平均销售价格确定。

（2）按照其他纳税人最近时期同类应税货物、应税行为的平均销售价格确定。

（3）按照组成计税价格确定：

组成计税价格=成本×（1+成本利润率）

如果需要缴纳消费税的应税消费品，组成计税价格中还需要包含消费税：

应税消费品的组成计税价格=成本×（1+成本利润率）÷（1−消费税税率）

提示：成本利润率一般货物采用10%，应税消费品的成本利润率题目中会给出。

通关绿卡

命题角度：在综合题中考查增值税的视同销售行为。

遇到视同销售行为时，需要注意以下三个要点：

首先，判断一项经济行为到底是否应进行视同销售处理，要和不得抵扣进项税额的行为进行区分：

（1）自产、委托加工的货物用于集体福利或个人消费项目，以及用于投资、分配和无偿赠送时，均应视同销售，计算销项税额（或应纳税额）。

（2）外购的货物只有在用于投资、分配、赠送的时候才需视同销售处理，用于简易计税、免征增值税项目、集体福利和个人消费，不允许抵扣进项税额，要做进项税额转出处理。

其次，如果判断确应进行视同销售处理，按照"先平均，再组价"的原则，寻找视同销售的销售额，而不要直接按照组成计税价格的公式计算增值税。

最后，一般情况下，自产、委托加工或者购进的货物，对外无偿赠送需要进行视同销售。但对于将货物通过公益性社会组织、县级及以上人民政府及其组成部门，或直接无偿捐赠给目标脱贫地区的单位和个人，免征增值税。

（二）混合销售行为

同一项销售行为同时涉及货物销售和服务的，属于混合销售行为。应按照纳税人从事的主业征税。

提示：纳税人销售活动板房、机器设备、钢结构件等自产货物的同时提供建筑、安装服务，不属于混合销售，应分别核算货物和建筑服务的销售额（其中安装服务部分可以按照甲供工程适用简易计税方法计税）。

通关绿卡

命题角度： 在综合题中考查增值税的混合销售行为。

混合销售行为成立的行为标准有两点：一是必须在同一项销售行为中；二是该项行为必须既涉及货物销售又涉及应税服务行为。确定混合销售是否成立时，其行为标准中的上述两点必须是同时存在的，在解题时特别关注题目中给出的"同时"等字眼，此类关键词意在提示同学们考虑是否属于"同一项销售行为"。

（三）兼营行为

发生应税销售行为适用不同税率或者征收率的，应当分别核算适用不同税率或者征收率的销售额；未分别核算销售额的，从高适用税率或征收率。

第8记 [2分] 一般纳税人和小规模纳税人的登记

飞越必刷题：168

情形	具体规定
应登记为一般纳税人的情形	年应税销售额超过500万元的纳税人，应当办理增值税一般纳税人资格登记手续。"年应税销售额"的具体规定如下： （1）年应税销售额包括纳税申报销售额、稽查查补销售额和纳税评估调整销售额。 （2）销售额有扣除的，按照未扣除之前的销售额计算；偶然发生的销售无形资产、不动产，不计入
依申请登记为一般纳税人的情形	年应税销售额虽未超过500万元，但会计核算健全的，能准确提供资料的
不得登记为一般纳税人的情形	下列纳税人不得办理一般纳税人登记： （1）选择按照小规模纳税人纳税的非企业单位、不经常发生应税行为的企业。 （2）其他个人

◀ ◀ ◀ 通关绿卡

命题角度：主观题中针对增值税一般纳税人和小规模纳税人适用税率与征收率的判断。

一般纳税人、小规模纳税人对应的计税方法和税率/征收率的区分。

纳税人类型	计税方法	税率/征收率
一般纳税人	通常情况：一般计税方法	税率
	特殊情形：简易计税方法	征收率
小规模纳税人	简易计税方法	征收率

提示：

（1）无论是小规模纳税人还是一般纳税人，进口货物的组成计税价格均适用税率，而不是征收率。

（2）境外的单位或者个人在境内发生应税行为，在境内未设有经营机构的，以购买方为扣缴义务人。

应扣缴税额=接受支付的价款÷（1+适用税率）×适用税率

增值税税率及适用范围

4分 第9记

飞越必刷题：11、26、166、167、168

税率	适用范围	
13%	销售或进口货物、劳务、有形动产租赁服务	
9%	销售服务、不动产和无形资产	交通运输、邮政、基础电信、建筑、不动产租赁服务、销售不动产、转让土地使用权
	销售或进口部分货物	种植业、养殖业、林业、牧业、水产业的各种动、植物的初级产品
		食用植物油、食用盐
		自来水、暖气、冷气、热水、煤气、石油液化气、天然气、二甲醚、沼气、居民用煤炭制品
		图书、报纸、杂志、音像制品、电子出版物
		饲料、化肥、农药、农机、农膜
6%	现代服务（租赁服务除外）、增值电信服务、金融服务、生活服务、销售无形资产（转让土地使用权除外）	

续表

税率	适用范围
零税率	(1) 出口货物。 (2) 国际运输服务、航天运输服务。 (3) 向境外销售完全在境外消费的下列服务：研发服务、合同能源管理服务、设计服务、广播影视节目（作品）的制作和发行服务、软件服务、电路设计及测试服务、信息系统服务、业务流程管理服务、离岸服务外包业务、转让技术

提示：采取填埋、焚烧等方式进行专业化处理，征税范围的特别规定（一般纳税人的情形）。

是否产生货物	产生的货物归属	受托方适用征税范围	税率
是	委托方	加工劳务	13%
	受托方	现代服务——专业技术服务	6%
		产生的货物再销售时	货物的适用税率
否	—	现代服务——专业技术服务	6%

记忆口诀

命题角度：增值税税率的记忆。

适用9%税率的服务：交邮基建、租售不动。

适用9%税率的货物：粮奶食油盐、水煤各种气、书报杂音电、料肥三农二甲醚。

境内单位对境外提供适用零税率的服务：国航研合设广软、电路信息业离转。

第10记 [4分] **纳税义务发生时间**

飞越必刷题：167、169、180

通关绿卡

命题角度：在综合题中通过纳税义务发生时间的确定考查增值税的计算。

一旦某项业务满足纳税义务发生时间的规定，即产生了增值税纳税义务，在解题时就需要计算销项税额，而尚未达到纳税义务发生时间的业务，无须计算增值税。

销售方式	纳税义务发生时间的规定
一般规定、直接收款方式销售货物	收讫销售款或按合同约定应收销售款的当天
进口货物	报关进口的当天
托收承付和委托银行收款	发出货物并办妥托收手续的当天
赊销和分期收款	书面合同约定的收款日期。 无合同或合同未约定收款日期，为货物发出的当天
预收货款方式卖货	货物发出的当天；生产销售生产工期超过12个月的大型机械设备、船舶、飞机等货物，为收到预收款或者书面合同约定的收款日期的当天
预收款方式提供租赁服务	收到预收款的当天
委托他人代销货物	收到代销清单或收到货款。 都未收到的，为发出代销货物满180天当天
代销之外的其他视同销售	货物移送的当天
金融商品转让	所有权转移的当天
视同销售服务、无形资产或不动产	服务、无形资产转让完成的当天或不动产权属变更的当天

提示：上述情形，如果先开具了发票，纳税义务发生时间即为开发票的时间。

第11记 [6分] 一般计税方法下销售额的确认

飞越必刷题：12、13、24、28、166、167、168、169

（一）一般销售方式下的销售额确认

销售额的确认	内容
包含	（1）向购买方收取的全部价款和价外费用（含税金额应进行价税分离换算）。 （2）消费税、资源税等价内税金
不包含	（1）增值税销项税额。 （2）受托加工应税消费品由受托方代收代缴的消费税。 （3）符合条件的代收的政府性基金和行政事业性收费。 （4）代办保险收取的保险费、代缴纳的车辆购置税、车辆牌照费（销货方对此类代收费用开具发票的除外）。 （5）符合条件的代垫运费：运输方的运费发票开具给购买方，且将该发票转交给购买方

（二）特殊销售方式下的销售额确认

销售方式	增值税税务处理	
折扣销售（商业折扣）	销售额和折扣额在同一张发票（金额栏）上分别注明的，允许从销售额中扣除；实物折扣不能从销售额中扣除，且需要"视同销售"	
销售折扣（现金折扣）	不允许扣除，按折扣前的销售额确认	
销售折让	允许从折让/退回当期销售额中扣除	
以旧换新	（1）一般规定：不得扣减旧货回收价。（2）金银首饰以旧换新：按实际收取的不含增值税的全部价款征收增值税（与消费税中金银首饰以旧换新的规定相同）	
以物易物	双方都作购销处理，全额计算销项税额，同时核算进项税额	
包装物押金（注意换算）	一般货物（含啤酒、黄酒）	逾期时计入销售额。提示：以12个月与合同规定期限孰早为准
	其他酒类（不含啤酒、黄酒）	收到时就按销售处理 提示：退押金时不退税

◄ ◄ ◄ **通关绿卡**

命题角度：销售货物时含税和不含税销售额的辨析和对应增值税销项税额的计算。

增值税的计算类题目中，通常需要根据题目条件判断"销售额"是否含税，常见表述方法如下：

维度	表述
含税	（1）零售价格。（2）普通发票上注明的价税合计金额。（3）价外费用（各种名目）。（4）包装物押金。提示：若出现上述表述，则需要进行价税分离
不含税	（1）增值税专用发票上注明的价款。（2）机动车销售统一发票上注明的价款。（3）海关进口增值税专用缴款书注明的价款

（三）按差额确定销售额

1.金融商品转让

（1）按照卖出价扣除买入价后的余额为销售额。

（2）转让金融商品出现的正负差，按盈亏相抵后的余额为销售额。若相抵后出现负差，可结转下一纳税期与下期转让金融商品销售额相抵，但不可跨年结转。

（3）特殊情形下对于"买入价"的特殊规定：

情形	买入价的确定
IPO形成的限售股（含孳生的送、转股）	IPO发行价
重大资产重组形成的限售股（含孳生的送、转股）	停牌前一交易日的收盘价
限售股在解禁后对外转让，按上述规定确定的"买入价"低于取得时的实际成本价的	实际成本价
无偿转让股票	转出方以买入价为卖出价；转入方再转让时，以原转出方的卖出价为买入价

2.房地产开发企业中的一般纳税人销售开发的房地产项目（一般计税方法）

允许扣除受让土地时向政府部门支付的土地价款，其中包括向政府支付的征地和拆迁补偿费用（包括向其他单位和个人支付的拆迁补偿费用）、土地前期开发费用和土地出让收益等。

3.其他差额征税项目

项目	允许扣除项目
经纪代理服务	代为收取并支付的政府性基金或者行政事业性收费
融资租赁	借款利息、发行债券利息和车辆购置税
融资性售后回租	借款利息、发行债券利息和本金
航空运输企业	机场建设费（民航发展基金）、代售其他航空运输企业客票而代收转付的价款。提示：航空运输销售代理企业允许扣除境内外的机票结算款
一般纳税人提供客运场站服务	支付给承运方的运费
旅游服务	支付的住宿费、餐饮费、交通费、签证费、门票费和支付给其他接团旅游企业的旅游费用
银行业金融机构、资产管理公司处置抵债不动产	取得该抵债不动产时的作价

◀ ◀ ◀ **通关绿卡**

命题角度：特殊销售行为和差额征税情形下销售额的确定。

可以减除的	(1) 销售额和折扣额在同一张发票（金额栏）中分别注明的折扣额。
	(2) 销售折让。
	(3) 金银首饰以旧换新。
	(4) 允许采用差额征税的各个项目
不可以减除的	(1) 仅在发票的"备注栏"注明的，或另开发票的折扣额。
	(2) 销售（现金）折扣。
	(3) 实物折扣。
	(4) 以旧换新中旧货物的收购价格（金银首饰除外）。
	(5) 以物易物、以服务易物

进项税额的确认和计算 [4分]

第12记

飞越必刷题：14、28、166、167

提示：只有一般纳税人采用一般计税方法时，才可以抵扣进项税额。

（一）凭票抵扣

合法的抵扣凭证包括：增值税专用发票、机动车销售统一发票、海关进口增值税专用缴款书、代扣代缴增值税时取得的解缴税款的完税凭证，以及以下两种特殊的"电子普通发票"。

（1）收费公路通行费增值税电子普通发票。

（2）国内旅客运输服务增值税电子普通发票。

（二）计算抵扣

1.国内旅客运输服务

（1）取得增值税电子普通发票的，采用"凭票抵扣"方式。

（2）取得其他凭证的，采用下列"计算抵扣"方式：

凭证类型（凭证上需注明旅客身份信息）	计算抵扣公式
航空运输电子客票行程单	（票价+燃油附加费）÷（1+9%）×9%
铁路车票	票面金额÷（1+9%）×9%
公路、水路等其他客票	票面金额÷（1+3%）×3%

提示：国内旅客运输服务的进项税额抵扣仅限于与本单位签订了劳动合同的员工，以及本单位接受的劳务派遣员工发生的国内旅客运输服务。

2.桥、闸通行费发票

可抵扣进项税额=桥、闸通行费发票上注明的金额÷（1+5%）×5%

3.收购农产品——计算抵扣

（1）采购环节：按照取得的发票类型判断抵扣方式。

农产品来源及发票类型		抵扣方式和金额
进口：增值税专用缴款书		凭票抵扣：发票上注明的税额（9%）
一般纳税人：专用发票		凭票抵扣：发票上注明的税额（9%）
小规模纳税人	1%征收率的专用发票	凭票抵扣：发票上注明的税额（1%）
	3%征收率的专用发票	计算抵扣：不含税金额×9%
农业生产者：销售发票、收购发票		计算抵扣：买价×9%
其他途径取得的普通发票 （例如，从批发零售环节购进免税的蔬菜、肉、蛋取得的增值税普通发票）		不得抵扣

（2）在领用环节，是否加计抵扣1%，看农产品的用途。

用于生产销售或加工13%税率货物的，允许加计1%扣除。

提示：从小规模纳税人处取得1%征收率的专用发票的，不得享受加计扣除。

4.购进农产品的特殊情形——核定扣除

（1）适用范围：以购进农产品为原料生产销售液体乳及乳制品、酒及酒精、植物油的增值税一般纳税人。

（2）核定扣除方法包括：投入产出法、成本法和参照法。

不得从销项税额中抵扣的进项税额

4分
第13记

飞越必刷题：15、167、168、169

记忆提示	不得抵扣的项目	特殊规定
"特定用途"	用于集体福利或个人消费、简易计税方法项目、免税项目	兼用（既用于左侧不得抵扣进项税的用途，又用于一般用途）情形的处理： （1）购进（含租入）的固定资产、不动产、无形资产（不包括其他权益性无形资产），兼用的，可以全额抵扣。 （2）购进的货物、劳务、服务，兼用而无法划分的进项税额，按照简易计税、免税项目销售额占总销售额的比例划分不得抵扣的进项税额

续表

记忆提示	不得抵扣的项目	特殊规定
"非正常损失"	非正常损失的货物（含不动产及其在建工程）及相关劳务、服务	非正常损失，指因管理不善造成货物被盗、丢失、霉烂变质，以及因违法造成货物或不动产被依法没收、销毁、拆除的情形
"贷、餐、民、娱"	购进的贷款服务、餐饮服务、居民日常服务和娱乐服务	因接受贷款服务向贷款方支付的与该笔贷款直接相关的投融资顾问费、手续费、咨询费等费用，进项税额也不得抵扣
"没票"	扣税凭证不符合规定	一般情况下，取得"普通发票"不得抵扣进项税额

通关绿卡

命题角度1：在增值税综合题中考查"进项税额转出"。

针对以前期间已经抵扣过进项税额的货物、服务、劳务，如果当期发生了下列情形，则需要在当期进行进项税额转出，而不需要追溯至以前实际抵扣的期间：

（1）改变用途，用于简易计税方法项目、免税项目、集体福利和个人消费。

（2）非正常损失。

提示：如果是固定资产、不动产发生了改变用途，需要进行进项税额转出的，应该用扣减折旧后的净值，计算进项税额转出。

命题角度2：不可抵扣进项税额项目和视同销售项目的区分。

维度	用于投、分、送	简易计税方法、免税项目、集体福利、个人消费	
自产、委托加工的货物	视同销售（除简易计税和免税项目以外的情形）		
购进的货物、劳务、服务	视同销售	专用的，不可抵扣	兼用的，按比例转出
购进、租入的固定资产、不动产	视同销售	专用的，不可抵扣	兼用的，可全额抵扣

第14记 [4分] 进项税额的加计抵减和增值税留抵退税

飞越必刷题：16、17、168、169

增值税基本计算公式：

应纳税额＝销项税额−进项税额（−上期留抵税额）（−当期可抵减的加计抵减额）

◀◀◀ **通关绿卡**

> **命题角度：增值税应纳税额的计算。**
>
> （1）按照税法规定的纳税义务发生时间确定销售额，用以计算增值税销项税额。
>
> （2）针对进项税额，需要注意凭票抵扣、计算抵扣、进项税额转出。
>
> （3）计算出当期应纳税额后，注意上期的"留抵税额"也要从当期应纳税额中减去，然后符合条件的可以再享受加计抵减。

（一）进项税额加计抵减

1.加计抵减适用行业和比例

纳税人行业	2023年1月1日至2023年12月31日	2024年1月1日起至2027年12月31日
邮政服务、电信服务、现代服务	5%	政策到期，不再适用
生活服务	10%	政策到期，不再适用
先进制造业企业	5%	

提示：先进制造业企业是指高新技术企业（含所属的非法人分支机构）中的制造业一般纳税人。具体名单，由各省、自治区、直辖市、计划单列市工业和信息化部门会同同级科技、财政、税务部门确定。

2.加计抵减的计算

当期计提加计抵减额=当期可抵扣进项税额×5%（以先进制造业为例）

当期可抵减的加计抵减额=上期结转的加计抵减额余额+当期计提加计抵减额-当期调减加计抵减额

具体抵减规则可以简化记忆为：

抵减前的应纳税额≤0，实际抵减金额为0，当期可抵减的加计抵减额全部结转下期。

抵减前的应纳税额>0，实际抵减金额为"抵减前的应纳税额"和"当期可抵减的加计抵减额"孰小者，抵减不完的，结转下期。

（二）增值税期末留抵退税政策

1.留抵退税政策的主体及条件

（1）纳税信用等级为A级或者B级。

（2）退税前36个月未骗取留抵退税、骗取出口退税或虚开增值税专用发票。

（3）退税前36个月未因偷税被税务机关处罚两次及以上。

（4）2019年4月1日起未享受即征即退、先征后返（退）政策。

（5）自2019年4月税款所属期起，连续6个月（按季纳税的为2个季度）增量留抵税额均大于零，且第6个月增量留抵税额不低于50万元。

提示：在确定纳税人行业时，指从事相关行业业务发生的增值税销售额占纳税人全部销售额比重超过50%的纳税人。销售额，包括纳税申报销售额、稽查查补销售额、纳税评估调整销售额。适用"差额征税"政策的，以差额后的销售额确定。

2.留抵退税的计算依据

提示：如果是2019年4月1日以后新设立的纳税人，2019年3月31日留抵税额视为0。

增量留抵税额=当期期末留抵税额与2019年3月31日相比新增加的部分

3.留抵退税申请时间以及计算公式

可退税款=增量留抵税额×进项构成比例×60%

其中，"进项构成比例"为2019年4月至申请退税前一税款所属期已抵扣的增值税专用发票（含税控机动车销售统一发票、全面数字化的增值税电子专用发票）、收费公路通行费增值税电子普通发票、海关进口增值税专用缴款书、解缴税款完税凭证注明的增值税额占同期全部已抵扣进项税额的比重。

4.其他规定

在同一个申报期内，免抵退税和留抵退税可以共存。既申报免抵退税，又申请留抵退税的，应该先办理免抵退税，之后仍然符合条件的，再办理留抵退税（"免抵退税优先"）。纳税人按照规定取得留抵退税款的，不得再申请享受增值税即征即退、先征后返（退）政策。

第15记 [2分] 建筑服务、不动产、房地产等特殊行为的增值税处理

飞越必刷题：166、169

（一）跨县市提供建筑服务

计税方法	记忆提示	预缴税款公式	申报纳税
简易计税方法	差额预缴、差额申报	应预缴税款=（销售额全额–支付的分包款）÷（1+3%）×3%	差额申报，征收率3%
一般计税方法	差额预缴、全额申报	应预缴税款=（销售额全额–支付的分包款）÷（1+9%）×2%	全额申报，税率9%（允许抵扣进项税）

（二）转让不动产（非房地产开发企业）

计税方法	记忆提示	预缴税款公式	申报纳税
取得的、简易计税方法	差额预缴、差额申报	应预缴税款=（全额–购置原价）÷（1+5%）×5%	差额申报，征收率5%
取得的、一般计税方法	差额预缴、全额申报		全额申报，税率9%
自建的	全额预缴、全额申报	应预缴税款=全额÷（1+5%）×5%	全额申报，一般计税税率9%，简易计税征收率5%

（三）不动产经营租赁

提示：个体工商户/其他个人出租住房，按5%的征收率减按1.5%征收，其他个人无须预缴。

计税方法	记忆提示	预缴税款公式	申报纳税
"老项目" 简易计税方法	全额预缴、 全额申报	应预缴税款=含税销售额÷ （1+5%）×5%	全额申报，征收率5%
"新项目" 一般计税方法		应预缴税款=含税销售额÷ （1+9%）×3%	全额申报，税率9%

（四）房地产开发企业（一般纳税人）销售自行开发的房地产项目

计税方法	记忆提示	预缴税款公式	申报纳税
简易计税方法	全额预缴、 全额申报	预缴税款=预收款÷ （1+5%）×3%	全额申报，征收率5%
一般计税方法	全额预缴、 差额申报	预缴税款=预收款÷ （1+9%）×3%	以差额确定销售额，税率9%。 销售额=（全部价款和价外费用－当期允许扣除的土地价款）÷（1+9%） 当期允许扣除的土地价款=（当期销售的建筑面积÷可供销售建筑面积）×地价款

提示：房地产开发企业兼有一般计税方法计税、简易计税方法计税的房地产项目而无法划分进项税额的，应以建设规模为依据对进项税额进行划分。

记忆口诀

命题角度：建筑服务、不动产、房地产预缴、申报和预征率的记忆口诀。

（1）"预缴"和"申报"销售额的口诀。

建筑简易用"差""差"。

建筑一般用"差""全"。

取得简易用"差""差"。

取得一般用"差""全"。

自建、出租用"全""全"。

房企简易用"全""全"。

房企一般用"全""差"。

（2）预征预缴率。

"建23"：建筑服务一般计税预征率2%，简易计税预征率同征收率为3%；

"租35"：出租不动产一般计税预征率3%，简易计税预征率同征收率为5%；

"房3转5"：房地产开发企业预征率3%，转让不动产预征率5%。

第16记 【4分】 简易计税方法

飞越必刷题：27、167、169

（一）简易计税方法的计算公式

应纳税额=不含税销售额×征收率

不含税销售额=含税销售额÷（1+征收率）

提示：简易计税方法不得抵扣进项税额。

（二）征收率及其适用情形

1.小规模纳税人

（1）一般情况下适用3%的征收率。

提示：小规模纳税人适用3%征收率的项目，2027年12月31日前减按1%征收。

（2）与不动产相关的（包括小规模房地产开发企业、销售或出租不动产），以及提供劳务派遣服务选择差额计税的情形，适用5%征收率。

（3）二手车经销商适用于0.5%征收率。见下面"特殊项目"。

2.一般纳税人

征收率	具体适用范围
3%	（1）县级及县级以下小型水力发电单位生产的自产电力。 （2）自产的砂、土、石料和以自采砂、土、石料连续生产的砖、瓦、石灰（不含黏土实心砖、瓦）。 （3）生物制品。 （4）自产的和自来水公司销售的自来水。 （5）自产的商品混凝土（仅限于以水泥为原料生产的）。 （6）寄售商店代销寄售物品、典当业销售死当物品。 （7）公共交通运输服务。 提示：包括轮客渡、公交客运、地铁、轻轨、出租车、长途客运、班车。 （8）动漫相关服务，以及在境内转让动漫版权。 （9）电影放映服务、仓储服务、装卸搬运服务、收派服务和文化体育服务。

续表

征收率	具体适用范围
3%	（10）清包工、甲供工程。 提示：清包工、甲供工程选择采用简易计税方法的，允许扣除分包款，差额计税。 （11）非学历教育和教育辅助服务。 （12）一般纳税人销售自产机器设备的同时提供安装服务，应分别核算机器设备和安装服务的销售额，安装服务可以按照甲供工程选择适用简易计税方法计税（外购机器设备也比照此规定）。 （13）物业管理公司收取自来水水费，采用差额计税。 （14）从事再生资源回收的纳税人销售其收购的再生资源。 提示：一般纳税人选择简易计税方法，一经选择，36个月内不得变更
5%	（1）一般纳税人提供劳务派遣服务，可以选择一般计税方法按照6%税率，也可以选择采用简易计税方法差额征税，适用5%征收率。 销售额中允许扣除支付的工资、福利、社保及住房公积金（与小规模纳税人选择"差额征税"允许扣除的项目一致）。 （2）人力资源外包服务。 （3）不动产"老项目"。"老项目"包括但不限于开工日期、取得日期、合同日期等在2016年4月30日（"营改增"）之前的房地产项目、不动产销售、经营租赁、融资租赁、土地使用权转让、公路和桥闸通行费等。
3%减按2%征收	（1）销售自己使用过的不得抵扣且未抵扣进项税额的固定资产。公式为： 应纳税额=含税销售额÷（1+3%）×2% 提示：纳税人可以放弃减税，按照简易办法依照3%征收率缴纳增值税，可开具专用发票。 （2）销售旧货。不得放弃减税，不得开具专用发票。

◀ ◀ ◀ **记忆口诀**

命题角度：一般纳税人适用于简易计税方法的项目。

一般纳税人适用于简易计税方法3%征收率的部分项目："漫、影、文体、公、仓、装、派、斯尔、包、工、再生"。

一般纳税人适用于建议计税方法5%征收率的部分项目："人、劳、不老"。

3.特殊项目——征收率0.5%

从事二手车经销的纳税人（一般纳税人和小规模纳税人均适用）销售其收购的二手车，按照下列公式计算销售额。

销售额=含税销售额÷（1+0.5%）

纳税人应当开具二手车销售统一发票。购买方索取增值税专用发票的，应当再开具征收率为0.5%的增值税专用发票。

4.简易计税方法下"差额计税"的项目

采用简易计税的服务项目	允许扣除项目
建筑服务	分包款
转让不动产	不动产原价。 提示：仅限于转让营改增之前取得的不动产"老项目"
劳务派遣服务	支付给劳务派遣员工的工资、福利、社保和公积金
物业管理企业收取自来水费	自来水水费成本

 进口环节增值税的征收 4分

第**17**记

飞越必刷题：166、168

（一）征税范围和纳税人

征税范围	纳税人和代收代缴义务人
进口货物	进口货物的收货人或办理报关手续的单位和个人
跨境电子商务 零售进口商品	购买商品的个人为纳税义务人。 电子商务企业、电子商务交易平台企业或物流企业可作为代收代缴义务人

（二）进口增值税的适用税率

适用税率与境内交易增值税适用税率一致。

提示：

（1）小规模纳税人进口货物仍然适用税率，而不适用征收率。

（2）进口抗癌药、罕见病药，减按3%征收进口环节增值税。

（三）进口环节增值税的计算

1.组成计税价格公式（此处为"进口组价"）

（1）不属于消费税应税消费品：

组成计税价格=关税完税价格+关税

=关税完税价格×（1+关税税率）

（2）属于消费税应税消费品：

组成计税价格=关税完税价格+关税+消费税

=关税完税价格×（1+关税税率）÷（1-消费税税率）

2.进口环节增值税应纳税额

进口环节增值税应纳税额=组成计税价格×税率

提示：进口环节增值税凭海关专用缴款书，可以作为进项税额进行"凭票抵扣"。

通关绿卡

命题角度：进口环节增值税的计算。

（1）进口环节增值税与进口关税、进口消费税或车辆购置税结合的计算必须掌握。

（2）进口环节的增值税取得合法有效凭证，可以作为进项税额抵扣。

（四）进口环节增值税的征收管理

项目	具体规定
纳税义务发生时间	报关进口的当天
纳税期限	自海关填发海关进口增值税专用缴款书之日起15日内
纳税地点	报关地海关

第18记 2分 出口和跨境应税业务增值税的退（免）税

飞越必刷题：18、29、166

（一）退（免）税政策具体适用情形

类型		适用情况
免、抵、退	生产企业	出口自产货物（含视同自产货物）； 自行对外提供的加工修理修配劳务、零税率服务和无形资产
	外贸企业	自行对外提供的零税率服务和自行研发的无形资产
	服务型企业	自行对外提供的国际运输服务、零税率服务
免、退	外贸企业 或其他单位	出口外购货物、外购服务或外购无形资产； 对外提供融资租赁服务

（二）退（免）税的计算步骤

1.梳理内销

归纳整理内销业务的销项税额、进项税额，以及上期留抵税额。

2.剔税

计算应该从进项税额中剔除的"不得免征和抵扣税额"。

提示：如果有免税或保税原材料，需要从离岸价格（FOB）中减除。

不得免征和抵扣税额=（出口离岸价−免税购进原材料价格）×（出口货物适用税率−出口退税率）

3.抵税

计算"留抵税额"：将第1步梳理的各项金额，以及第2步中的"剔税"，代入公式计算当期留抵税额。

当期应纳税额=内销销项税额−（进项税额−"剔税"额）−上期留抵税额

如果为负数，即为留抵税额，取绝对值。

4.算尺度

计算免、抵、退税的尺度，如果有免税或保税购进原材料，需要从离岸价格中减除。

免抵退税额=（出口离岸价−免税购进原材料价格）×退税率

5.退孰小

（1）将"留抵税额"与"尺度"进行比较，谁小退谁。

（2）如果"留抵税额"小，"尺度"大，则退"留抵税额"，尺度中剩余部分是免抵税额。

（3）如果"留抵税额"大，"尺度"小，则退"尺度"，留抵税额大于尺度的部分，可以结转到下期继续留抵。

（三）出口货物、劳务和跨境应税行为的免税政策

（1）出口企业或其他单位出口部分列举的货物（略）。

提示：增值税小规模纳税人出口的货物，可以享受免税。

（2）境内单位向境外提供的跨境应税行为，除了适用零税率的服务外，其他向境外提供的、发生在境外的，或完全在境外消费的跨境应税服务大部分均适用免税政策。

提示：无运输工具承运方式的经营者提供国际运输服务，实际承运方适用零税率，经营者适用免税政策。

第19记 **2分** **增值税税收优惠**

飞越必刷题：10、19、20

（一）免税货物

（1）农业生产者销售的自产农产品。包括销售自产的人工合成牛胚胎。

提示：外购农产品生产、加工后销售的农产品，不属于免税的范围。

（2）对从事农产品批发、零售的纳税人销售的蔬菜、部分鲜活肉蛋产品免征增值税。

①经挑选、清洗、切分、晾晒、包装、脱水、冷藏、冷冻等工序加工的蔬菜，属于享受免征增值税税收优惠的蔬菜范围。

②经处理、装罐、密封、杀菌或无菌包装而制成的各种蔬菜罐头不享受免征增值税的税收优惠。

（3）除豆粕以外的其他粕类饲料产品、制种行业、符合标准的有机肥产品。

（4）避孕药品和用具、古旧图书。

（5）直接用于科学研究、科学试验和教学的进口仪器、设备。

（6）外国政府、国际组织无偿援助的进口物资和设备。

（7）由残疾人的组织直接进口供残疾人专用的物品。

（8）对将自产、委托加工或购买的货物通过公益性社会组织、县级及以上人民政府及其组成部门和直属机构，或直接无偿捐赠给目标脱贫地区的单位和个人。

提示：政策执行期间内，目标脱贫地区实现脱贫的，可继续适用此政策。

（9）海南离岛免税店销售离岛免税商品，免征增值税和消费税。

（10）国家综合性消防救援队伍进口国内不能生产或性能不满足要求的消防救援设备，免征进口环节税收。

（11）边销茶。

（12）国产抗艾滋病病毒药品。

（13）图书批发和零售环节。

（14）饮水工程运营管理单位向农村居民提供生活用水取得的自来水销售收入。

（15）供热企业向居民供热取得采暖费收入。

（16）货物期货品种保税交割业务。

（二）免税服务、无形资产和不动产

1.民生类

（1）托儿所、幼儿园、养老机构、医疗机构、婚姻介绍、殡葬服务。

（2）残疾人福利机构提供的育养服务。

（3）社区养老、托育、家政服务机构提供过的社区养老、托育、家政服务。

（4）员工制家政服务员提供家政服务。

（5）学校、中外合作办学提供的学历教育服务。

（6）政府举办的学校举办进修培训班。

（7）政府举办的职业学校为学生提供实习的场所提供部分"现代服务"和"生活服务"取得的收入。

（8）纪念馆、博物馆、文化馆、美术馆、展览馆、书画院、图书馆第一道门票收入。

（9）寺院、宫观、清真寺和教堂门票收入。

（10）医疗机构提供的医疗服务。

2.非经营性活动收入类

（1）符合条件的政府性基金和行政事业性收费。

（2）各党派、社会团体、国际组织收取的党费、团费、会费。

提示：开展经营服务活动取得的其他收入，照常缴纳增值税。

（3）福利彩票、体育彩票的发行收入。

（4）土地所有者出让土地使用权和土地使用者将土地使用权归还给土地所有者。

（5）县级以上地方人民政府或自然资源行政主管部门出让、转让或收回自然资源使用权（不含土地使用权）。

3.农业、技术和国际货代类

（1）国际货物运输代理服务。

（2）农业机耕、排灌、病虫害防治、植物保护、农牧保险以及相关技术培训业务，家禽、牲畜、水生动物的配种和疾病防治。

提示：动物清洁、美容、代理看护等服务应正常缴纳增值税。

（3）将土地使用权转让给农业生产者、通过各种方式将承包地流转给农业生产者，以及将国有农用地出租给农业生产者，用于农业生产。

（4）技术转让、技术开发和与之相关的技术咨询、技术服务。

提示：

①要求该部分技术咨询、技术服务的价款与技术转让、技术开发的价款在同一张发票上开具。

②境内单位向境外转让完全在境外使用的技术适用于"零税率"。

（5）符合条件的合同能源管理服务。

提示：境内单位向境外销售完全在境外使用的合同能源管理服务适用于"零税率"。

（6）对国家级、省级科技企业孵化器、大学科技园和国家备案众创空间自用以及无偿或通过出租等方式提供给在孵对象使用的房产、土地，免征房产税和城镇土地使用税；对其向在孵对象提供孵化服务取得的收入，免征增值税。

4.特殊人群类

（1）学生勤工俭学、残疾人本人为社会提供的服务。

（2）随军家属就业、军队转业干部就业、军队空余房产租赁收入。

5.金融保险担保类

（1）下列利息收入：

①国债、地方政府债、国家助学贷款、人民银行对金融机构的贷款、金融同业往来利息、住房公积金个人住房贷款、外管部门在外汇储备经营过程中发放的外汇贷款。

②统借统还业务中，企业集团或企业集团中的核心企业以及集团所属财务公司按不高于支付给金融机构的借款利率水平或者支付的债券票面利率水平，向企业集团或者集团内下属单位收取的利息；高于上述利率水平的，应全额缴纳增值税。

③金融机构向小型企业、微型企业和个体工商户发放的小额贷款。

提示：小型企业、微型企业，是指符合《中小企业划型标准规定》的小型企业和微型企业，和企业所得税中的小型微利企业、增值税中的小规模纳税人判断标准均不同。

④境外投资机构投资境内债券市场取得的债券利息收入。

（2）一年期以上人身保险产品保费收入、再保险服务。

（3）下列金融商品转让收入：

①合格境外投资者（QFII）、证券投资基金管理人运用基金买卖股票债券。

②沪港通和深港通A股和港股互相购买基金份额和上市公司股票。

③转让创新企业CDR。

（4）金融机构向农户、小型企业、微型企业及个体工商户发放借款取得的利息收入、发行债券提供融资担保取得的担保费收入，以及为上述融资担保提供再担保取得的再担保费收入。

（5）企业集团内单位（含企业集团）之间的资金无偿借贷行为。

6.个人家庭类和住房土地类

（1）个人转让著作权。

（2）个人销售的自己使用过的物品。

（3）个人从事金融商品转让业务。

（4）个人销售自建自用住房。

（5）个人销售其外购住房的征免规定（征收率为5%）：

地区	不足2年	2年（含）以上	
		普通	非普通
北上广深	全额征税	免税	差额征税
其他地区		免税	

（6）涉及家庭财产分割（例如离婚、继承、遗赠等）的个人无偿转让不动产、土地使用权。

（三）增值税退税政策

1.对实际税负超过3%的部分即征即退

（1）一般纳税人销售其自行开发生产的软件产品（税率13%）。

提示：将进口软件产品进行本地化改造后对外销售，也可享受上述即征即退政策。

（2）管道运输服务（税率9%）、有形动产融资租赁（税率13%）和融资性售后回租服务（税率6%）。

2.安置残疾人按人数即征即退

安置残疾人，按照安置残疾人员人数计算每月可享受的即征即退政策。

每月应退增值税额=纳税人本月安置残疾人员人数×本月月最低工资标准的4倍

提示：纳税人新安置的残疾人从签订劳动合同并缴纳社会保险的次月起计算。

3.资源综合利用即征即退

纳税人销售自产的资源综合利用产品和提供资源综合利用劳务，可享受增值税即征即退政策（退税比例有30%、50%、70%、100%四个档次）。

纳税人申请资源综合利用增值税即征即退政策时，应同时符合下列条件：

（1）在境内收购的再生资源，应按规定取得发票。

（2）应建立再生资源收购台账，留存备查。

（3）销售综合利用产品和劳务，不属于《产业结构调整指导目录》中的淘汰类、限制类项目。

（4）销售综合利用产品和劳务，不属于《环境保护综合名录》中的"高污染、高环境风险"产品或者重污染工艺。

（5）综合利用的资源，属于危险废物的，应当取得省级及以上环境保护部门颁发的《危险废物经营许可证》，且许可经营范围包括该危险废物的利用。

（6）纳税信用级别不为C级或D级。

4.研发机构采购设备退税

内资研发机构和外资研发中心采购国产设备全额退还增值税。3年内转移或移作他用，按照净值补缴增值税。

5.出版物和印刷业务先征后退

（1）对于党报和期刊、机关单位报纸期刊、少年儿童报纸期刊、中小学教科书、老年人报纸期刊、少数民族文字出版物、盲文出版物、自治区内出版单位出版物等，在出版环节实行100%先征后退。

（2）除上述图书以外的各类图书、期刊、音像制品、电子出版物，在出版环节实行50%先征后退。

（3）少数民族文字出版物的印刷和制作业务、新疆维吾尔自治区部分印刷业务实行100%先征后退。

（四）小规模纳税人增值税减免税优惠

1.免税政策

（1）自2023年1月1日起，小规模纳税人发生增值税应税销售行为，合计月销售额未超过10万元（以1个季度为1个纳税期的，季度销售额未超过30万元）的，免征增值税。

提示：合计月销售额超过上述标准，但扣除本期发生的销售不动产的销售额后未超过标准的，其销售货物、劳务、服务、无形资产取得的销售额免征增值税。适用差额计税政策的，以差额后的销售额确定是否可以享受上述免税政策。

（2）应预缴税款的小规模纳税人，凡在预缴地实现的月销售额未超过10万元的，当期无须预缴税款。

（3）其他个人，一次性收取租金可以在租赁期内平摊，分摊后的月租金收入未超过10万元的，免征增值税。

提示：适用于上述免税政策的，可就全部或部分销售收入选择放弃免税，并开具增值税专用发票。

2.减征政策

自2023年1月1日起，小规模纳税人适用3%征收率的应税收入，减按1%征收率征税。适用3%预征率的预缴增值税项目，减按1%预征率预缴。

（五）其他增值税优惠政策

（1）对自主就业退役士兵、贫困人口、持《就业创业证》或《就业失业登记证》的人员，从事个体经营的，在3年内按每户每年20 000元为限额依次扣减其当年实际应缴纳的增值税、城市维护建设税、教育费附加、地方教育附加和个人所得税。

（2）对企业招用自主就业退役士兵、脱贫人口，以及持就业创业证或失业登记证的人员，与其签订1年期以上劳动合同并依法缴纳社保的，在3年内按照实际招用人数，按照每人每年6 000元定额依次扣减增值税、城市维护建设税、教育费附加、地方教育附加和企业所得税。

（3）外国驻华使领馆及其馆员，购买合理自用范围内的生活办公类货物和服务（含修理修配劳务，不含工业机器设备和金融服务），货物单张发票（含税）金额满800元及以上的，服务单张发票满300元及以上的，享受退税。（个人购买除车辆和房租之外的货物和服务，每人每年申请退税的含税发票金额以18万元为限）

（4）境外旅客购物，同一旅客同一日在同一退税商店购买的退税物品，含税金额达到500元人民币，可以享受离境退税。退税物品必须未启用或未消费，且离境日距购买日不超过90天。

第20记　2分　增值税征收管理和发票管理

飞越必刷题：21、30

（一）增值税的纳税期限

（1）纳税期限：大部分为1个月或者1个季度。

以1个季度为纳税期限的规定，适用于小规模纳税人、银行、财务公司、信托投资公司、信用社。

按固定期限纳税的小规模纳税人可以选择以1个月或1个季度为纳税期限，一经选择，一个会计年度内不得变更。

（2）税款缴纳期限：期满之日起15日内。

（二）增值税发票的使用和管理

1.小规模纳税人开票管理

小规模纳税人（不含其他个人）可以自行使用增值税发票管理系统开具增值税专用发票。选择自行开具增值税专用发票的小规模纳税人，税务机关不再为其代开增值税专用发票。

2.丢失增值税专用发票的抵扣联和发票联的处理

丢失的联次	处理方式
抵扣联	凭发票联复印件，作为抵扣凭证
发票联	凭抵扣联复印件，作为记账凭证
同时丢失发票联和抵扣联	凭加盖销售方发票专用章的发票记账联复印件，作为抵扣或记账凭证

3.异常增值税扣税凭证的管理

异常凭证范围	(1) 丢失、被盗税控专用设备中未开具或已开具未上传的增值税专用发票。 (2) 非正常户未申报或未按规定缴税的增值税专用发票。 (3) 稽核比对发现"比对不符""缺联""作废"的增值税专用发票。 (4) 经大数据分析发现涉嫌虚开、未按规定缴纳消费税等情形的。 (5) 属于失联和走逃企业的增值税专用发票。 (6) 增值税一般纳税人申报抵扣异常凭证同时符合下列条件的，其对外开具的增值税专用发票列入异常凭证范围： ① 异常凭证进项税额累计占同期专票进项税额70%（含）以上的。 ② 异常凭证进项税额累计超过5万元的
异常凭证处理	(1) 尚未抵扣的，暂不允许抵扣；已经抵扣的，作进项税额转出。 (2) 尚未申报出口退税或者已申报但尚未退税的，暂不允许办理出口退税。 (3) 相关消费税暂不允许抵扣；已抵扣的，冲减或补缴。 (4) 纳税信用A级纳税人已经申报抵扣的，可向主管税务机关提出核实申请

4.善意取得虚开增值税专用发票的处理

（1）纳税人善意取得虚开的增值税专用发票，如能重新取得合法、有效的增值税专用发票，准许其抵扣进项税款；如不能，不准其抵扣进项税款或追缴其已抵扣的进项税款。

（2）对于其少缴的税款，不按偷税（逃避缴纳税款）论处。

（3）对于其被依法追缴的税款，不加收滞纳金。

第三模块

消费税法

● 本模块为教材内容"第三章 消费税法"。

（1）出题方式：客观题中单选和多选都会涉及；部分年份会考查计算问答题；部分年份在综合题中也可能会涉及1~2小问。

（2）近三年分值：3~10分。

（3）与其他章节的结合：主要与增值税章节结合较多，同时还可能与关税、车辆购置税相结合。

改变自己，从来不迟，不如就从今天开始！

第21记 4分 **消费税税目**

飞越必刷题：31、32、33、38、41、172

（一）税目

税目	热门考点	
	缴纳	不缴纳
烟	白包、手工和"计划外"卷烟、烟丝、雪茄烟、电子烟。 提示：电子烟子目包括烟弹、烟具以及烟弹与烟具组合销售的电子烟产品	烟叶（不属于应税消费品，以下简称"不属于"）
酒	啤酒屋自酿（自产）啤酒、果啤；配制酒、葡萄酒	料酒、酒精（"不属于"）
高档化妆品	高档美容、修饰、护肤类化妆品	舞台、戏剧、影视化妆用的上妆油、卸妆油、油彩（"不属于"）
贵重首饰及珠宝玉石	纯金银、镶嵌首饰；经采掘、打磨、加工的各种珠宝玉石	金条金币、金银摆件
鞭炮、焰火	—	体育用发令纸、鞭炮药引线（"不属于"）
成品油	（1）汽油：含甲醇、乙醇汽油。 （2）柴油、石脑油、燃料油。 （3）溶剂油：含橡胶填充油、溶剂油原料。 （4）润滑油：含矿物、植物、动物性润滑油、合成和混合型润滑油、润滑脂	（1）变压器油、导热油等绝缘油类（"不属于"）。 （2）航空煤油暂缓征收。 （3）符合条件的纯生物柴油免税，符合条件的利用废矿物油生产的润滑油基础油、汽、柴油免税

续表

税目	热门考点	
	缴纳	不缴纳
小汽车	乘用车、中轻型商用客车、超豪华小汽车	(1) 电动汽车。 (2) 车身长度大于7米（含）且座位在10～23座（含）以下的商用客车。 (3) 沙滩车、雪地车、卡丁车、高尔夫车 （以上均"不属于"）
摩托车	气缸容量250毫升及以上的	气缸容量小于250毫升（不含） （"不属于"）
高尔夫球及球具	高尔夫球、球杆（包括杆头、杆身、握把）、球包（袋）	—
高档手表	不含税价每只1万元及以上	—
游艇	机动艇	无动力艇和帆艇（"不属于"）
木制一次性筷子	未经打磨、倒角的木制一次性筷子	反复利用的筷子（"不属于"）
实木地板	独板（块）实木、实木指接地板、实木复合地板、实木装饰板、未经涂饰地板（白坯板、素板）和漆饰地板	—
电池	原电池、铅蓄电池	无汞原电池、镍氢蓄电池、锂原电池、锂离子蓄电池、太阳能电池、燃料电池、全钒液流电池免税
涂料	—	施工状态VOC含量低于420g/L（含）的涂料免税

◀ ◀ ◀ **通关绿卡**

命题角度1：直接考查消费税征税范围。

典型出题方式例如"下列产品中，属于消费税征税范围的有（　　）"。
这种题目难度较低，但一定要注意冷僻偏门的项目。

命题角度2：直接考查消费税征税环节。

典型出题方式例如"下列产品中，应在零售（或批发）环节征收消费税的是（　　）"。这种题目难度也适中，需要掌握消费税征收环节的特殊情形。

命题角度3：将消费税的征税范围、征税环节和特殊情形（例如视同销售）甚至增值税融合在一起考查。

典型出题方式："纳税人的下列经济行为中，应征收消费税的有（　　）"，或"下列各项中，应同时征收增值税和消费税的有（　　）"。这种题目难度较大，需要熟练掌握消费税的征税范围、征收环节和消费税的视同销售等规定。

（二）消费税计税方式和征税环节

计税方式	应税消费品	征税环节
从量定额	啤酒、黄酒、成品油	生产、进口、委托加工
从价从量 复合计税	白酒	生产、进口、委托加工
	卷烟	生产、进口、委托加工
		批发环节加征一道
从价定率	电子烟	生产、进口。 提示：通过代加工方式生产电子烟的，由持有商标的企业缴纳消费税。只从事代加工电子烟产品业务的企业不交税
		批发环节加征一道
	超豪华小汽车	生产、进口、委托加工
		零售环节加征一道
	金银铂钻首饰	仅在零售环节征收
	除上述以外的其他应税消费品	生产、进口、委托加工环节

4分

计税方式和计税依据

第22记

飞越必刷题：40、172

（一）不同计税方式下的计税依据

计税方式	适用税目	计税依据的具体规定
从价计征	绝大部分应税消费品（电子烟双环节均采用从价计征）	（1）销售额包括全部价款和价外费用。 （2）销售额不含增值税（含税需要价税分离）。 （3）不包括符合条件的代垫运费等代收转付款项
从量计征	啤酒、黄酒、成品油	（1）销售的，为销售数量。 （2）自产自用的，为移送使用数量。 （3）委托加工的，为收回的数量。 （4）进口的，为海关核定的进口数量
复合计征	卷烟（双环节）、白酒	从价税+从量税。其中： （1）卷烟核定最低计税价格由国家税务总局核定并发布。 （2）白酒最低计税价格以销售单位对外售价的70%为限，生产企业计税价格低于70%的，税务机关应核定最低计税价格

（二）包装物押金的处理（仅适用从价和复合计税方式）

情形		处理方式
应税消费品连同包装物销售或收取包装物租金		并入销售额中征收
单独收取的包装物押金	其他酒类（除啤酒、黄酒外）的包装物押金	并入销售额中征收
	一般包装物押金	逾期时（12个月和约定期限孰先到）并入销售额中征收。（同增值税中一般包装物押金的处理）

（三）金银首饰销售额的特殊规定

（1）金银首饰与其他产品组成成套消费品销售的，全额征收消费税。

（2）金银首饰以旧换新的，按实际收取的不含增值税的全部价款征收消费税（与增值税规定一致）。

4分

生产和销售环节应纳税额的计算

飞越必刷题：34、35、39、41、170、171、172

（一）特殊情形下消费税的计算

1.通过门市部或经销商对外销售

（1）纳税人通过自设非独立核算门市部销售的自产应税消费品，应按门市部对外销售额或者销售数量计算征收消费税。

（2）电子烟生产企业通过经（代）销商向批发商销售电子烟的，按经（代）销商对外销售的金额征收消费税。

2."换、投、抵"情形下销售额的确定

自产应税消费品用于换取生产资料、对外投资、抵偿债务（简称为"换、投、抵"），按照同类应税消费品的最高销售价格计算消费税。

提示：此时增值税的计税依据和消费税的计税依据不同。

（二）自产自用情形下消费税的计算（不含换、抵、投）

（1）一般视同销售情形下，按照纳税人生产的同类消费品的当月平均售价计算消费税。

（2）没有同类价格的，按照组成计税价格：

提示：此处的组价为"自产自用组价"。

①从价计征：

组成计税价格

=（成本+利润）÷（1−比例税率）

=［成本×（1+成本利润率）］÷（1−比例税率）

②复合计征：

组成计税价格

=（成本+利润+自产自用数量×定额税率）÷（1−比例税率）

=［成本×（1+成本利润率）+自产自用数量×定额税率］÷（1−比例税率）

提示：应税消费品的成本利润率考试中会作为已知条件提供。

③从量计征：无须组价，直接按照移送数量计税。

命题角度：消费税和增值税视同销售情形的区分和销售额的确定。

消费税视同销售情形和增值税对比总结如下：

自产应税消费品的用途	消费税	增值税
用于连续生产应税消费品	不征	不征
用于连续生产非应税消费品	征	
用于馈赠、赞助、集资、广告、样品、奖励、集体福利、个人消费和业务招待	征	征
用于管理部门、非生产机构、提供劳务、在建工程、无形资产、不动产	征	不征
用于以物易物（换取生产和消费资料）、投资入股、抵偿债务	征（按最高）	征（按平均）

（三）批发、零售环节消费税的计算

1.卷烟——批发环节加征

（1）只适用卷烟批发企业（卷烟批发企业之间互相调拨销售卷烟不征收）。

（2）税率：从价税率11%，从量税率0.005元/支。

2.电子烟——批发环节加征

税率：11%。

3.超豪华小汽车——零售环节加征

（1）税率：10%。

（2）超豪华小汽车指每辆零售价格130万元（不含增值税）及以上的乘用车和中轻型商用客车。

提示：国内汽车生产企业直接将超豪华小汽车零售给消费者，消费税按照生产环节和零售环节加总计算。

应纳税额=零售销售额（不含增值税）×（生产环节消费税税率+零售环节消费税税率）

第24记 **2分**

委托加工环节应纳消费税的计算

飞越必刷题：36、170、171

（一）定义

1.委托加工的应税消费品

指由委托方提供原料和主要材料，受托方只收取加工费和代垫部分辅助材料。

2.消费税的代收代缴和纳税义务

由受托方在向委托方交货时代收代缴消费税。

提示：*受托方为个人和个体工商户的，无须代收代缴，由委托方收回后缴纳。*

委托方：纳税义务人	受托方（加工方）：代收代缴义务人
负有纳税义务。 受托方未代收代缴的， 税务机关向委托方补征税款	负有法定代收代缴义务。 未履行代收代缴义务的， 对受托方处以应收未收税款50%以上3倍以下的罚款

（二）代收代缴消费税的后续处理

情形		税务处理	扣除范围
委托加工收回后用于连续生产应税消费品		被代收代缴的 消费税准予扣除	仅限于列举范围 （"八大类"）
委托加工收回 后对外出售	（不加价）直接出售	不再缴纳消费税	—
	加价出售 （高于代收代缴计税价格）	出售正常交税，被代收代 缴消费税的准予扣除	无范围限制

（三）委托加工代收代缴消费税的计算

受托方代收代缴的消费税，按照如下顺序确定：

（1）先参照受托方的同类消费品的销售价格计算纳税。

（2）没有受托方同类消费品销售价格的，按照组成计税价格计算纳税：

提示：*此处的组价为"委托加工组价"。*

①从价计征：

组成计税价格=（材料成本+加工费）÷（1-比例税率）

②复合计征：

组成计税价格=（材料成本+加工费+委托加工数量×定额税率）÷（1-比例税率）

提示：*公式中的材料成本和加工费都应该是不含增值税的金额。其中材料成本包括材料购买价款、运输费、装卸费、保险费等。*

③从量计征：无须组价，直接按照收回数量计税。

第25记 2分 **进口环节应纳消费税的计算**

飞越必刷题：171、172

进口环节消费税由海关代征，直接按照"进口组成计税价格"计算。

1.从价计征

组成计税价格=（关税完税价格+关税）÷（1-消费税比例税率）

2.复合计征

组成计税价格=（关税完税价格+关税+进口数量×消费税定额税率）÷（1–消费税比例税率）

3.从量计征

无须组价，直接按照进口数量计税。

记忆口诀

命题角度：不同情形下应税消费品销售价格的确定。

情形		组成计税价格公式
自产自用（自产自用组价）	自产自用的，先用同类消费品平均售价。没有的，用"自产自用组价"	（1）从价计征： 组成计税价格=（成本+利润）÷（1–比例税率） （2）复合计征： 组成计税价格=（成本+利润+自产自用数量×定额税率）÷（1–比例税率）
委托加工（委托加工组价）	先用受托方同类消费品平均售价。没有的，用"委托加工组价"	（1）从价计征： 组成计税价格=（材料成本+加工费）÷（1–比例税率） （2）复合计征： 组成计税价格=（材料成本+加工费+委托加工数量×定额税率）÷（1–比例税率）
进口应税消费品（进口组价）	直接用"进口组价"	（1）从价计征： 组成计税价格=（关税完税价格+关税）÷（1–消费税比例税率） （2）复合计征： 组成计税价格=（关税完税价格+关税+进口数量×消费税定额税率）÷（1–消费税比例税率）

第26记 **2分** **已纳消费税的扣除**

飞越必刷题：37、170

（一）外购应税消费品已纳税款的扣除

（1）外购下列应税消费品用于连续生产应税消费品的，允许按当期生产领用数量计算扣除外购消费品已纳消费税税款：

①外购已税烟丝生产的卷烟。

②外购已税高档化妆品生产的高档化妆品。

③外购已税珠宝玉石生产的贵重首饰及珠宝玉石。

④外购已税鞭炮焰火生产的鞭炮焰火。

⑤外购已税杆头、杆身和握把生产的高尔夫球杆。

⑥外购已税木制一次性筷子生产的木制一次性筷子。

⑦外购已税实木地板生产的实木地板。

⑧外购已税汽油、柴油、石脑油、燃料油、润滑油用于连续生产应税成品油。

⑨从葡萄酒生产企业购进、进口葡萄酒连续生产应税葡萄酒。

（2）按照当期生产领用数量（买价）和消费税税率计算扣除。

其中当期准予扣除的应税消费品买价以"倒挤"的方式计算出来：

当期准予扣除的外购应税消费品买价=期初库存的外购应税消费品买价+当期购进的应税消费品买价−期末库存的外购应税消费品的买价

（二）委托加工收回应税消费品已纳税款的扣除

委托加工应税消费品直接按照期初、当期收回和期末库存的已纳税款计算扣除。

◀◀◀ 通关绿卡

命题角度：应税消费品中，不同情形下，消费税的扣除范围与环节。

（1）下列税目的外购应税消费品用于连续生产不允许扣除：

①电池；②高档手表；③涂料；④酒类（但外购葡萄酒用于连续生产的允许扣除）；⑤小汽车；⑥摩托车；⑦游艇；⑧金银铂钻首饰（仅在零售环节征税，不得跨环节扣除）。

委托加工应税消费品收回后用于连续生产允许扣除已纳税款的范围与上述外购应税消费品用于生产允许扣除范围大致相同，但不含葡萄酒。

（2）已纳消费税扣除政策仅限于生产环节，不可跨环节抵扣。

例如，用委托加工收回的已税珠宝玉石生产的金银首饰，由于其征税环节变为零售环节，则委托加工收回环节已纳的消费税，不允许跨环节在零售环节计算时扣除。

（3）已纳消费税扣除的情形总结如下：

情形	准予扣除的范围	扣除时点和规定
外购用于连续生产	"8+1类"	生产领用的当期，按生产领用数量扣除
委托加工收回后用于连续生产	"8类"	
委托加工收回后直接加价出售	无范围限制	在对外销售时，允许扣除销售部分对应的消费税

2分

第27记

消费税的出口退税和征收管理

飞越必刷题：42、43、44、170

（一）消费税的出口退税政策

企业类型	出口方式	消费税免、退税处理
外贸企业	购进应税消费品直接出口，或委托代理出口	免税并退税（以消费税专用缴款书为依据）
生产企业	自营出口或委托代理出口	免税但不退税
一般性商贸企业	委托代理出口	不免税也不退税

（二）纳税义务发生时间

方式	纳税义务发生时间
各类销售方式、自产自用、进口情形	同增值税规定
委托加工	提货当天

（三）纳税地点

情形	纳税地点
一般情形	机构所在地
委托加工的应税消费品应代收代缴消费税	受托方机构所在地
进口应税消费品	报关地海关

（四）退税

应税消费品因质量等原因发生退货，已纳消费税可以申请退还。

办理退税手续时，应将开具的红字增值税发票、退税证明等资料报主管税务机关备案。

第四模块

其他小税种

● 本模块包括教材中的"第六章""第七章""第八章"和"第十一章"。

（1）出题方式：客观题为主。

（2）与其他章节的结合：车船税和印花税，作为准予税前扣除的税金，可能与企业所得税结合考查。

进入到小税种的复习阶段，要学会把每一个大目标分解成一个个小目标，按部就班地去实现第一个小目标之后，再设定下一个小目标。这样一步一个脚印走下去，你会走得更扎实。

第28记 2分 **城市维护建设税法**

飞越必刷题：45、46、47、70、168、169、180

（一）纳税义务人和扣缴义务人

在我国境内缴纳增值税、消费税（以下简称"两税"）的单位和个人为城市维护建设税（以下或简称"城建税"）纳税人。

（1）进口不征：进口货物或者境外单位和个人向境内销售劳务、服务、无形资产缴纳的两税，不征收城建税。

（2）采用委托代征、代扣代缴、代收代缴、预缴（含异地预缴）、补缴等方式缴纳两税的，应当同时缴纳城建税。

（3）负有两税扣缴义务的单位和个人，在扣缴两税的同时应扣缴城建税。

（二）税率

市区为7%；县城、镇为5%；所在地不在市区、县城或镇的为1%。

提示：

（1）异地预缴增值税的，按照预缴地适用的城建税税率。回到机构所在地申报纳税时，以实际应缴纳的增值税额为计税依据，适用机构所在地的城建税税率。

（2）扣缴两税时，适用扣缴义务人所在地的城建税税率。

（三）计税依据

应包括的项目（计入计税依据）	不应包括的项目（或从计税依据中扣除）
（1）应当缴纳的两税（含查补的）。 （2）出口业务的增值税免抵税额。 提示：在核准免抵税额的下个申报期，计入城建税计税依据	（1）进口货物或境外向境内销售劳务、服务、无形资产缴纳的两税。 （2）直接减免的两税。 （3）期末留抵退税退还的增值税。 提示：在收到留抵退税的下个申报期，从城建税计税依据中扣除（仅能从一般计税方法计算的城建税中扣除）

（四）计算

应纳税额=[应缴纳的两税（不含进口）−直接减免的两税+出口业务免抵税额−期末留抵退税退还的增值税]×适用税率

（五）征收管理

1.税收优惠

（1）黄金交易所会员单位通过黄金交易所销售且发生实物交割的标准黄金，免税。

（2）通过上海期货交易所销售且发生实物交割并已出库的标准黄金，免税。

（3）国家重大水利工程建设基金免税。

（4）2023年1月1日至2027年12月31日，对增值税小规模纳税人、小型微利企业、个体工商户减半征收"六税两费"（其中包括城建税、教育费附加、地方教育附加）。

2.其他

纳税环节、纳税地点和纳税期限，与增值税和消费税一致。

教育费附加

第29记 2分

飞越必刷题：169、180

493 4-2

要素	具体内容
征收范围、计税依据	与城市维护建设税一致
计征比率	教育费附加3%；地方教育附加2%
减免规定	（1）按月纳税的月销售额或营业额不超过10万元（季度不超过30万元）的纳税人（含一般和小规模纳税人），免征教育费附加和地方教育附加。 （2）对国家重大水利工程建设基金免征教育费附加

烟叶税法

第30记 2分

飞越必刷题：48

493 4-3

要素	具体规定
纳税义务人	收购烟叶的单位（不包括个体工商户和其他个人）
征税范围	晾晒烟叶、烤烟叶
计税依据	实际支付的价款总额=收购价款×（1+价外补贴10%）

续表

要素	具体规定
税率	比例税率：20%
应纳税额	应纳税额=实际支付的价款总额×20%
纳税义务发生时间	收购烟叶的当日
纳税地点	烟叶收购地
纳税期限	按月计征，纳税义务发生月终了之日起15日内申报缴纳

记忆口诀

命题角度：烟叶税计算中的比例。

烟叶税内容中，需要熟记：

（1）价外补贴统一按照10%计算。

（2）比例税率20%。

第31记 [2分] 关税纳税义务人、税率

飞越必刷题：49、50、51

（一）纳税义务人

（1）进口货物的收货人。

（2）出口货物的发货人。

（3）进出境物品的所有人或推定所有人。

（二）关税税率类型

税率类型	具体适用情形
最惠国税率	最惠国待遇条款的世界贸易组织成员；有最惠国待遇协定的国家；原产于我国境内的
协定税率	有关税优惠条款的区域性贸易协定的国家
特惠税率	有特殊关税优惠条款贸易协定的国家
普通税率	除上述以外的其他国家，以及原产地不明的
暂定税率	某些较为重要的特定货物
配额税率	配额内的，适用配额税率； 配额外的，按不同情况分别适用于最惠国税率、协定税率、特惠税率或普通税率

（三）关税税率的运用

情形	适用的税率
一般规定	海关接受该货物申报之日
进口转关货物、出口转关货物	指运地、启运地海关接受申报之日
实行集中申报的进出口货物	每次货物进出口海关接受申报之日
到达前先行申报的、超期未申报而被依法变卖的	运输工具申报进境之日
因纳税人违反规定需要追征税款的货物	（1）违反规定行为发生之日。 （2）发生之日不能确定的，适用海关发现该行为之日
已申报并放行的保税、减免税货物经批准不复运出境、转入国内内销、转让或移作他用等	海关接受该纳税人再次申报之日

关税完税价格与应纳税额的计算

第32记 2分

飞越必刷题：52、71、166、168、171、172

（一）关税完税价格

1.成交价格估价方法

关税完税价格包括货物的货价、货物运抵我国境内输入地点起卸前的运输及其相关费用、保险费。具体范围如下：

应计入完税价格的项目	不计入完税价格的项目
（1）除购货佣金以外的佣金和经纪费。 （2）与该货物视为一体的容器费用。 （3）包装材料费用和包装劳务费用。 （4）与该货物的生产和向我国境内销售有关的料件、零部件、工具、模具、境外开发设计等费用。 （5）与该货物有关并作为卖方向我国销售该货物的一项条件，应由买方直接或间接支付的特许权使用费。 （6）转售收益、处置收益	（1）进口后发生的建设、安装、装配、维修或者技术援助费用，但保修费用除外。 （2）起卸后发生的运输及其相关费用、保险费。 （3）进口环节税收及其他国内税。 （4）为在境内复制该货物而支付的费用。 （5）境内外技术培训及境外考察费用。 （6）进口货物融资所产生的利息费用。 （7）购货佣金

2.进口货物海关估价方法

进口货物成交价格不符合条件或者不能确定时，还可以采用海关估价方法。海关可以依次以下列方法审查确定该货物的完税价格：

（1）相同货物成交价格估价方法。

（2）类似货物成交价格估价方法。

提示：上述两种方法中，应采用"大约同时进口"相同或类似货物的成交价。"大约同时进口"指前后最长不超过45日。

（3）倒扣价格估价方法。

（4）计算价格估价方法。

（5）其他合理估价方法（不得使用：境内售价、较高价、出口地售价、第三国售价、最低限价或虚构价等）。

（二）特殊情形下的关税完税价格

进口货物情形	完税价格的确定
运往境外修理的货物	境外修理费、物料费
运往境外加工的货物	境外加工费、料件费、复运进境的运输及相关费用、保险费
租赁方式进口的货物	(1) 海关审定的租金，利息应当计入。 (2) 留购的，为海关审定的留购价格
留购的进口货样	海关审定的留购价格
特定减免税进口货物（接受海关监管的）	(1) 船舶、飞机8年；机动车辆6年；其他货物3年。 (2) 监管年限内转让或移作他用需要补税的，公式为： 完税价格=海关审定的该货物原进口时的价格 × ［1–申请补税时实际已使用的时间（月）÷（监管年限×12）］

（三）运输及相关费用、保险费的计算

1.运输及相关费用

按照买方实际支付的运费及其相关费用计算。

2.保险费

（1）按照实际支付的保险费用计算。

（2）如果无法确定或者未发生，按照"货价加运费"的3‰计算。公式如下：

保险费=（货价+运费）×3‰

（四）应纳税额的计算

1.从价税

关税税额=应税进（出）口货物数量×单位完税价格×税率

2.从量税

关税税额=应税进（出）口货物数量×单位货物税额

3.复合税

关税税额=从量税+从价税

通关绿卡

命题角度1：关税的完税价格、运保费和关税税额的计算。

关税的完税价格、运保费和关税税额的计算，是每年的计算问答题或者综合题的必考知识点，所以要对以下两项涉及的内容熟练掌握，并通过题目进行强化：

（1）成交价格估价方法中，关税完税价格中的调整项目。

（2）运保费的计算。

命题角度2：客观题直接考查进口货物海关具体的估价方法。

需要准确记忆四种估价方法的名字以及顺序，并了解不得使用的估价方法。

第33记 2分 **跨境电子商务零售进口税收政策**

飞越必刷题：72

内容	具体规定
纳税人与代收代缴义务人	（1）购买商品的个人作为纳税人。 （2）电子商务企业、电子商务交易平台企业或物流企业可作为代收代缴义务人
计税依据	实际交易价格（零售价和运保费）
计征限额	（1）单次交易限值为人民币5 000元；年度交易限值为人民币26 000元。 （2）限额以内的，关税税率暂设为0%；进口环节增值税、消费税暂按法定税率的70%征收。 （3）完税价格超过5 000元的仅一件商品的单笔交易（低于26 000元年度交易限值），全额征收关税、进口环节增值税和消费税

第34记 2分 **关税税收优惠**

飞越必刷题：73

记忆提示	优惠类型	具体内容
小额、无价值	免税	（1）关税税额在人民币50元以下的一票货物。 （2）无商业价值的广告品和货样

续表

记忆提示	优惠类型	具体内容
进出境必需	免税	进出境运输工具装载的途中必需的燃料、物料和饮食用品
损失、损坏	免征或酌情减征	(1) 在海关放行前损失的货物，免征。 (2) 在放行前遭受损坏的货物，可以根据受损程度减征
外交	免税	(1) 外国政府、国际组织无偿赠送的物资。 (2) 我国缔结或者参加的国际条约规定免税的货物、物品
特定减免税	免税	(1) 科教用品、残疾人专用品、慈善捐赠物资。 (2) 对符合条件的重大技术装备关键零部件及原材料。 (3) 集成电路和软件企业、新型显示器件企业进口国内不能生产或不满足需求的货物。 (4) 民用航空维修用航空器材、抗艾滋病病毒药物
暂时进出境	暂时免税	暂时进境或者暂时出境的下列货物，在进出境时提供担保的，可以暂不缴纳关税（6个月内应复运出境或者复运进境）： (1) 在展览会、交易会、会议及类似活动中展示或者使用的货物。 (2) 文化、体育交流活动中使用的表演、比赛用品。 (3) 进行新闻报道或者摄制电影、电视节目使用的仪器、设备及用品。 (4) 开展科研、教学、医疗活动使用的仪器、设备及用品。 (5) 在上述第（1）项至第（4）项所列活动中使用的交通工具及特种车辆。 (6) 货样。 (7) 供安装、调试、检测设备时使用的仪器、工具。 (8) 盛装货物的容器

第35记 2分

关税的征收管理

飞越必刷题：53、74

维度	具体规定
申报和缴纳	(1) 申报期限： 进口自运输工具申报进境之日起14日内。 出口自货物运抵海关监管区后、装货的24小时以前。 (2) 缴纳期限：15日内

续表

维度	具体规定
强制执行	(1) 征收关税滞纳金：按万分之五的比例按日征收。 (2) 强制征收：强制扣缴、变价抵缴等强制措施
退还	(1) 因原状退货等情形申请退还的，自缴纳税款之日起1年内，可以申请退还关税。 (2) 海关多征的税款，海关发现后应当立即退还；纳税人发现多缴税款的，可以自缴纳税款之日起1年内要求退还，加算银行同期活期存款利息
补征 （非因违反规定造成的）	自缴纳税款或者放行之日起1年内补征税款，无滞纳金
追征 （纳税人违反规定造成的）	自缴纳税款或者放行之日起3年内追征，并按日加收滞纳金

第36记 船舶吨税法 `2分`

飞越必刷题：54、55

（一）征税范围

自境外港口进入境内港口的船舶（以下简称"应税船舶"）。

提示：中国国籍的应税船舶也应征收，可适用优惠税率。

（二）应纳税额的计算

1.计算公式

应纳税额=船舶净吨位×定额税率

提示：

（1）拖船和非机动驳船减按50%征收。

（2）拖船按照发动机功率每千瓦折合0.67吨折算净吨位，不同期限的定额税率不同。

2.税率的分类

定额税率按照吨税执照期限划分为：1年、90日、30日，三种期限。

（三）税收优惠

记忆提示	优惠类型	具体内容
小额	免税	应纳税额在人民币50元以下的船舶
农业	免税	捕捞、养殖渔船

续表

记忆提示	优惠类型	具体内容
军警	免税	军队、武装警察部队专用或者征用的船舶，警用船舶
外交	免税	依照法规免税的外国驻华使领馆、国际组织驻华代表机构及其人员的船舶
非机动船舶	免税	非机动船舶（不包括非机动驳船）
空载、不上下客货	免税	（1）自境外以购买、受赠、继承等方式取得船舶初次进口到港的空载船舶。 （2）吨税执照期满后24小时内不上下客货的船舶。 （3）避难、防疫隔离、修理、改造、终止运营或者拆解，并不上下客货的船舶
延期优惠	可延长吨税执照期限	（1）避难、防疫隔离、修理、改造，并不上下客货。 （2）军队、武装警察部队征用

（四）征收管理

（1）船舶吨税由海关负责征收。

（2）纳税义务发生时间为应税船舶进入港口的当日。缴款期限为15日内。

第37记 2分 车船税法

飞越必刷题：56、57、58、75

（一）纳税义务人

应税车辆、船舶（包括乘用车、客车、货车、专用作业车、轮式专用机械车、摩托车、机动船舶、游艇）的所有人或者管理人。

提示：

（1）境内单位和个人租入外国籍船舶的，不征；境内单位和个人将船舶出租到境外的，征收。

（2）经批准临时入境的外国车船和港澳台车船，不征收车船税。

（二）税率

定额税率。

提示：拖船、非机动驳船、挂车（"拖、驳、挂"）减按50%计算。拖船按照发动机功率每千瓦折合0.67吨折算净吨位。

（三）应纳税额的计算

应纳税额=（年应纳税额÷12）×应纳税月份数

提示：应纳税月份数自纳税义务发生当月开始计算。

通关绿卡

命题角度：车船税非整个年度应纳税额的计算和不同税目下的计税单位。

车船税按年申报，分月计算，因此计算出的车船税税额是一个年度的，所以需要根据纳税义务发生时间按月分摊。车船税不同税目下的计税单位：

（1）乘用车——每辆（按发动机气缸容量不同，单位税额也不同）。

（2）客车——每辆。

（3）货车——整备质量每吨。

（4）专用作业车、轮式专用机械车——整备质量每吨。

（5）摩托车——每辆。

（6）机动船舶——净吨位每吨。

（7）游艇——艇身长度每米。

（四）盗抢、灭失等情形的纳税义务发生停止时间

已完税的车船被盗抢、报废、灭失的，可以凭有关管理机关出具的证明和完税证明，申请退还自被盗抢、报废、灭失月份起至该纳税年度终了期间的税款。

已退税的被盗抢车船失而复得的，应当从公安机关出具相关证明的当月起计算缴纳车船税。

记忆口诀

命题角度：车船税退补税的计算。

开始、停止计算车船税的月份都是"当月"：盗抢退货当月退，失而复得当月交。

（五）税收优惠

记忆提示	优惠类型	具体范围
农业	免税	捕捞、养殖渔船
军警消防	免税	（1）军队、武装警察部队专用的车船、警用车船。 （2）悬挂应急救援专用号牌的国家综合性消防救援车辆和国家综合性消防救援专用船舶
外交	免税	依法应免税的外国驻华使领馆、国际组织驻华代表机构及其有关人员的车船

续表

记忆提示	优惠类型	具体范围
节能环保	减半、免税	（1）节能汽车，减半征收。 （2）新能源汽车，免税。具体指纯电动商用车、插电式混合动力汽车、燃料电池商用车。 （纯电动乘用车和燃料电池乘用车不属于车船税征税范围） （3）新能源船舶，免税。具体指主要推进动力为纯天然气发动机的船舶
拖、驳、挂	减半征收	拖船、非机动驳船、挂车按照税额的50%征收

（六）纳税地点

（1）需要登记的，登记地；不需要登记的，所有人或管理人的主管税务机关所在地。

（2）扣缴义务人代收代缴的，为扣缴义务人所在地。

第38记 4分 **车辆购置税的征税范围、计税依据和计算**

飞越必刷题：59、60、61、76

（一）征税范围

（1）包括：汽车、有轨电车、汽车挂车和排量超过150ml的摩托车。

（2）不包括：地铁、轻轨等城市轨道交通车辆，装载机、平地机、挖掘机、推土机等轮式专用机械车，以及起重机（吊车）、叉车、电动摩托车。

（二）税率

比例税率：10%。

（三）计税依据

情形	计税依据的详细规定
购买自用	纳税人实际支付给销售方的全部价款（不含增值税），一般以发票电子信息中不含税价款为准。 提示：购置"换电模式"新能源汽车时，不含电池的新能源汽车与电池分别核算并分别开具发票的，计税依据为不含电池的新能源汽车的不含税价
进口自用	进口组成计税价格=关税完税价格+关税+消费税
自产自用	自产的同类应税车辆的销售价格（不含增值税）
受赠、获奖或其他方式取得自用	购置应税车辆时相关凭证载明的价格（不含增值税）

（四）计算公式

应纳税额=计税依据×税率

（五）补税和退税的计算

（1）减免税条件消失时补税的计算：

应纳税额=购置时价格×（1–使用年限×10%）×10%–已纳税额

（2）已征税车辆退货后退税的计算：

应退税额=已纳税额×（1–使用年限×10%）

◀◀◀ **通关绿卡**

命题角度1：直接考查车辆购置税的征税范围和应缴纳的情形。

（1）熟悉具体征税范围中包括和不包括的情形。

（2）购置并自用应税车辆的行为才需要缴纳。一般的迷惑选项为满足应税车辆条件，但没有"自用"二字。

命题角度2：以计算的方式考查计税依据。

针对自产自用、获奖或受赠自用，题目可能会给出许多不同的价格，要求从中筛选，排除干扰项，自行判断应该运用哪一个价格作为计税依据。

命题角度3：补税、退税等特殊情形下车辆购置税的计算。

"使用年限"的计算方法是，自纳税人初次办理纳税申报之日起，至不再属于免税、减税范围的情形发生之日止；使用年限取整计算，不满一年的不计算在内。

第39记 2分 车辆购置税的税收优惠和征收管理

飞越必刷题：77

（一）减免税规定

情形	优惠类型	具体范围
军警消防	免税	（1）军队和武警列入装备订货计划的车辆。 （2）悬挂应急救援专用号牌的综合性消防救援车辆。 （3）防汛部门和森林消防部门用于指挥、检查、调度、报汛（警）、联络的由指定商家生产的设有固定装置指定型号的车辆
外交		外国驻华使馆、领事馆和国际组织驻华机构及其外交人员自用车辆

续表

情形	优惠类型	具体范围
留学专家	免税	（1）回国服务的留学人员用现汇购买1辆个人自用国产小汽车。 （2）长期来华定居专家进口1辆自用小汽车
特殊用途		（1）设有固定装置的非运输专用作业车辆。 （2）城市公交企业购置的公共汽电车辆
新能源		（1）自2018年1月1日至2023年12月31日，对购置的新能源汽车免税。 （2）对购置日期在2024年1月1日至2025年12月31日期间的新能源汽车免征车辆购置税，其中，每辆新能源乘用车免税额不超过3万元。 提示：购置日期按照发票或专用缴款书开具日期确定

（二）征收管理

项目	具体规定
纳税义务发生时间	购置应税车辆所取得的相关凭证上注明的时间。分为以下情形： （1）购买自用的为购买之日，即车辆相关价格凭证的开具日期。 （2）进口自用的为进口之日，即《海关进口增值税专用缴款书》开具日期。 （3）自产、受赠、获奖或者以其他方式取得并自用的为取得之日，即合同、法律文书或者其他有效凭证的生效或者开具日期
申报缴纳期限	自纳税义务发生之日起60日内
纳税地点	（1）需要办理车辆登记注册手续的纳税人：车辆登记地。 （2）不需要办理车辆登记注册手续的：机构所在地、户籍所在地或经常居住地

第40记 2分 印花税纳税义务人、税目和计税依据

飞越必刷题：62、63、64、78、177、178、179

（一）纳税义务人

在境内书立应税凭证、进行证券交易的单位和个人，以及在境外书立在境内使用的应税凭证的单位和个人，为印花税的纳税人。

1.纳税人的特殊规定

（1）书立应税凭证的纳税人，为对应税凭证有直接权利义务关系的单位和个人。

（2）采用委托贷款方式书立的借款合同的纳税人，为受托人和借款人，不包括委托人。

（3）按买卖合同或者产权转移书据税目缴纳印花税的拍卖成交确认书的纳税人，为拍卖标的的产权人和买受人，不包括拍卖人。

（4）同一应税凭证由两方以上当事人书立的，按照各自涉及的金额分别计算应纳税额。

（5）证券交易印花税仅对证券交易的出让方征收，不对受让方征收。

2.境外书立在境内纳税的情形

境外书立境内使用的应税凭证应当按规定缴纳印花税。

"在境外书立在境内使用"的应税凭证，一般包括作为应税凭证标的的不动产、股权在中国境内的，以及应税凭证的销售方或购买方在境内的和服务提供方或接受方在境内的。但以下情形除外：

（1）境外单位或者个人向境内单位或者个人销售完全在境外使用的动产或者商标专用权、著作权、专利权、专有技术使用权。

（2）境外单位或者个人向境内单位或者个人提供完全在境外发生的服务。

（二）税目、税率和计税依据

合同类型	税率	计税依据	特别关注
借款合同	0.05‰	借款本金	仅针对金融机构与借款人所签订的借款合同征税，不包括企业与非金融机构之间（企业与企业/个人之间）所签订的借款合同
融资租赁合同	0.05‰	租金	—
买卖合同	0.3‰	价款	包括： （1）企业之间书立的确定买卖关系、明确买卖双方权利义务的订单、要货单等单据（未另外书立买卖合同的）。 （2）发电厂与电网之间、电网与电网之间书立的购售电合同。 （3）各类出版单位与发行单位之间订立的征订凭证（含订购单、订数单）。 不包括： （1）电网与用户之间签订的供用电合同。 （2）个人书立的动产买卖合同
承揽合同	0.3‰	报酬	—
建设工程合同	0.3‰	价款	包括建设工程勘察、设计合同、承包合同
运输合同	0.3‰	运费	指货运合同和多式联运合同；不包括管道运输合同

续表

合同类型	税率	计税依据	特别关注
技术合同	0.3‰	价款、报酬	不包括: (1)专利权、专有技术使用权转让书据(属于产权转移书据)。 (2)一般的法律、会计、审计等方面的咨询合同
租赁合同	1‰	租金	计税依据均不包括"标的物"价值。 财产保险合同不包括再保险、人身保险合同
保管合同		保管费	
仓储合同		仓储费	
财产保险合同		保险费	
土地、房屋、建筑物、股权转让书据	0.5‰	价款	股权转让书据的计税依据不包括列明的认缴后尚未实际出资权益部分。 转让书据包括买卖(出售)、继承、赠与、互换、分割所签订的书据
商标、著作权、专利权、专有技术使用权转让书据	0.3‰	价款	—
证券交易	1‰ (按0.5‰减半征收)	成交金额	卖方交。 证券交易无转让价格的,按照办理过户登记时该证券前一个交易日收盘价确定。 自2023年8月28日,证券交易印花税减半征收
营业账簿	0.25‰	实收资本、资本公积	增资仅对增加部分纳税

提示:上述计税依据,均不包括单独列明的增值税税款。

命题角度：印花税税目辨析。

（1）发电厂与电网、电网与电网之间的购售电合同属于应税凭证中的买卖合同；但是电网与最终用户之间的供用电合同不属于应税凭证，不征收印花税。

（2）技术合同中的技术转让合同，包括"专利申请权转让"和"非专利技术转让"；而"专利权转让、专有技术使用权转让"属于产权转移书据。

（3）土地使用权出让合同、土地使用权转让合同、商品房销售合同，均按照"产权转移书据"征收印花税，不属于买卖合同。

（三）计税依据的特殊规定

（1）应税凭证未列明金额的，按实际结算金额确定。

（2）应税凭证所列的金额与实际结算金额不一致，不变更应税凭证所列金额的，以所列金额为计税依据；变更应税凭证所列金额的，以变更后的所列金额为计税依据。

（3）已税的应税凭证金额发生变更或调整的，变更或调整后所列金额增加，就增加的部分补税；所列金额减少，减少的部分可以退税或抵缴。

（4）未履行的应税凭证，已缴纳的印花税不予退还及抵缴税款。

第41记 **2分**

印花税的税收优惠和征收管理

飞越必刷题：68、79

（一）免征印花税的项目

记忆提示	具体范围
农业	农民、家庭农场、农民专业合作社、农村集体经济组织、村民委员会购买农业生产资料或者销售农产品书立的买卖合同和农业保险合同
副本	应税凭证的副本、抄本
非经营自用	非营利性医疗卫生机构采购药品或者卫生材料书立的买卖合同
外交	依法应免税的外国驻华使馆、领事馆和国际组织驻华代表机构为获得馆舍书立的应税凭证
军警	（1）中国人民解放军、中国人民武装警察部队书立的应税凭证。 （2）军事物资运费结算凭证
特定贷款	（1）无息、贴息贷款合同。 （2）国际金融组织向中国提供优惠贷款书立的借款合同

续表

记忆提示	具体范围
公益慈善	财产所有权人将财产赠与政府、学校、社会福利机构、慈善组织书立的产权转移书据
个人网购	个人与电子商务经营者订立的电子订单
个人住房	（1）对个人出租、承租住房签订的租赁合同。 （2）个人销售或购买住房签订的合同。 （3）廉租住房、经济适用住房、公租房、改造安置住房个人涉及的印花税。 （4）高校学生公寓租赁合同
特殊行业	（1）对铁路、公路、航运、水路托运单据。 （2）发行单位之间，以及发行单位与订阅单位或个人之间的征订凭证。 （3）抢险救灾物资运费结算凭证。 （4）资产公司收购、承接和处置不良资产签订的买卖合同和产权转移书据。 （5）在融资性售后回租业务中，出售资产及租回资产的合同

（二）"六税两费"减半征收

自2023年1月1日至2027年12月31日，对增值税小规模纳税人、小型微利企业和个体工商户减半征收印花税（不含证券交易印花税）。

（二）征收管理

（1）纳税义务发生时间：书立应税凭证或者完成证券交易的当日。

（2）缴款期限：按季度、年度或按次计征。期限终了之日起15日内申报纳税。

（3）证券交易印花税由证券结算公司代扣代缴，每周终了后5日内按周解缴。

第42记　【4分】 **资源税税目、计税依据和计算**

飞越必刷题：65、80、173

（一）纳税义务人

（1）在中国领域及管辖的其他海域开发应税资源的单位和个人。

（2）进口不征；出口不免不退。

（二）税目和计税方法

1.税目

税目大类	子税目
能源矿产	（1）原油。 （2）天然气、页岩气、天然气水合物。 （3）煤，包括原煤和以未税原煤加工的洗选煤。 （4）煤成（层）气。 （5）铀、钍。 （6）油页岩、油砂、天然沥青、石煤。 （7）地热
金属矿产	（1）黑色金属。 （2）有色金属
非金属矿产	（1）矿物类。 （2）岩石类。 （3）宝玉石类
水气矿产	（1）二氧化碳气、硫化氢气、氦气、氡气。 （2）矿泉水
盐	（1）钠盐、钾盐、镁盐、锂盐。 （2）天然卤水。 （3）海盐

2.征税对象和计税方法

（1）以自采原矿洗选加工为选矿销售或自用，按照选矿征税，原矿移送时不纳税。

（2）大部分应税资源采用从价定率方式计征，对于石灰岩、其他粘土、地热、砂石、矿泉水和天然卤水可采用从价定率或者从量定额的计征方式。

（三）资源税的计算

提示：以下内容仅以从价定率方式为主。

1.销售额的一般规定

（1）销售额为全部价款，不包括增值税税款。

（2）同时符合以下条件的运杂费用，允许在销售额中扣减。

①属于从坑口或者洗选（加工）地到车站、码头或者购买方指定地点的运输费用、建设基金以及装卸、仓储、港杂费用。

②取得合法有效凭据。

提示：运杂费用如果已经包含在收到的销售额中，适用此扣减规定。

2.已税外购资源产品的扣减

以自采应税产品和外购（已税）应税产品混合销售或混合加工对外销售的，准予在销售额中扣减外购已税产品的购进金额或数量。以从价计征的情况为例：

（1）原矿与原矿混合后销售原矿的，或选矿与选矿混合后销售选矿的，直接扣减购进金额。

（2）原矿与原矿混合后洗选加工销售选矿的，按下列公式从销售额中扣减：

准予扣减的外购应税产品购进金额=外购原矿购进金额×（原矿税率÷选矿税率）

3.视同销售

以自采应税资源产品用于投资、分配、抵债、赠送、以物易物、职工福利等，应视同销售。视同销售情形按下列顺序确定销售额：

（1）纳税人最近时期同类产品的平均销售价格。

（2）其他纳税人最近时期同类产品的平均销售价格。

（3）按后续加工非应税产品销售价格，减去后续加工环节的成本利润后确定。

（4）组成计税价格：

组成计税价格=成本×（1+成本利润率）÷（1-资源税税率）

命题角度：资源税与消费税的扣除政策的区分。

资源税与消费税的扣除政策不同，应重点关注：

（1）已纳资源税的应税产品再进一步加工成应税产品，不征税。

（2）自采原矿或加工后的选矿用于连续生产非资源税应税产品的，移送环节应视同销售征收资源税。

第43记 [2分] **资源税税收优惠和征收管理**

飞越必刷题：66、67、81、173

（一）税收优惠

记忆提示	优惠类型	具体内容
油田加热	免税	开采原油以及油田范围内运输原油过程中用于加热的原油、天然气
安全生产		煤炭开采企业因安全生产抽采的煤成（层）气
低丰度	减征	低丰度油气田：减征20%
高、三、深		高含硫天然气、三次采油和深水油气田：减征30%
稠、高凝		稠油、高凝油：减征40%
衰竭期		衰竭期矿山：减征30%

续表

记忆提示	优惠类型	具体内容
页岩气	减征	自2018年4月1日至2027年12月31日，对页岩气资源税按6%的税率减征30%
充填置换	减征	自2014年12月1日至2027年12月31日，对充填开采置换的煤炭，减征50%
六税两费		自2023年1月1日至2027年12月31日，对增值税小规模纳税人、小型微利企业和个体工商户减半征收资源税（不含水资源税）
省级决定	省级决定减或免	（1）因意外事故或者自然灾害等原因遭受重大损失的。 （2）开采共伴生矿、低品位矿、尾矿

提示："六税两费"减半优惠政策可以和其他资源税优惠政策叠加享受。

（二）征收管理

（1）纳税义务发生时间：同增值税。

（2）纳税地点：矿产品的开采地或者海盐的生产地。

第44记 水资源税试点办法 [2分]

飞越必刷题：173

项目	具体规定
纳税义务人	直接取用地表、地下水的单位和个人。 提示：不包括从海洋中取水
不征收水资源税的情形	（1）农村集体经济组织及其成员从本集体经济组织的水塘、水库中取水。 （2）家庭生活和零星散养、圈养畜禽饮用等少量取水。 （3）水利工程管理单位为配置或者调度水资源取水。 （4）为保障矿井等施工和生产安全必须临时应急取（排）水的。 （5）为消除危害临时应急取水。 （6）为农业抗旱和维护生态环境必须临时应急取水

续表

项目	具体规定
税收优惠（免征）	（1）规定限额内的农业生产取用水。 （2）取用污水处理再生水。 （3）军队、武警部队通过其他方式取用水的。 （4）抽水蓄能发电取用水。 （5）采油排水经分离净化后在封闭管道回注的
计税方式	从量计征，按实际取水量。具体而言： （1）对一般取用水按照实际取用水量征税。 （2）对采矿和工程建设疏干排水按照排水量征税。 （3）对水力发电和火力发电贯流式（不含循环式）冷却取用水按照实际发电量征税
征收管理	（1）纳税义务发生时间为取用水资源当日。 （2）一般在生产经营所在地申报缴纳；跨省（区、市）调度的水资源，由调入区域所在地的税务机关征收

第45记 [4分] 环境保护税纳税义务人、税目和计税依据

飞越必刷题：69、82、83、174

（一）纳税义务人

直接向环境排放应税污染物的企业事业单位和其他生产经营者。

提示：纳税义务人不包括个人。

下列情形，不属于直接向环境排污，不缴纳环境保护税：

（1）向依法设立的污水集中处理、生活垃圾集中处理场所排放应税污染物的。

（2）在符合国家和地方环境保护标准的设施、场所贮存或者处置固体废物的。

（3）达到省级人民政府确定的标准并且有污染物排放口的畜禽养殖场，依法对畜禽养殖废物进行综合利用和无害化处理的。

（二）税目

（1）大气污染物。

不包括二氧化碳。

（2）水污染物。

（3）固体废物。

（4）噪声。

应税噪声只包括工业噪声。

（三）计税依据和计算

1.应纳税额的计算

项目	计税依据的规定
大气污染物、水污染物（监测数据法）	应纳税额=污染当量数 × 适用税额 污染当量数=该污染物的排放量 ÷ 该污染物的污染当量值 提示： （1）对每一排放口的应税大气污染物，按照污染当量数从大到小排序，对前3项污染物征收环境保护税。 （2）对每一个排放口的应税水污染物，区分第一类水污染物和其他类水污染物，第一类水污染物按照污染当量数前5项征税；其他类水污染物按照污染当量数前3项征税。 （3）水污染物中的色度污染，需要先以污染排放量乘以色度超标倍数，再除以污染当量值
固体废物	应纳税额=固体废物排放量 × 适用税额 固体废物的排放量=产生量−综合利用量−贮存量−处置量 提示：综合利用的固体废物享受免税，依法将固体废物转移至其他单位个人进行贮存、处置、综合利用的，允许在计税依据中扣减（其他单位个人接收的转移量，不计入其产生量）
噪声	按超过国家规定标准的分贝数确定每月税额。 提示： （1）噪声源一个月内超标不足15天的，减半计征。 （2）昼、夜均超标的环境噪声，昼、夜分别计算应纳税额，累计计征。 （3）超标分贝数不是整数值的，四舍五入取整

提示：在抽样测算法计算方法下，对于大气污染物、水污染物的污染当量数的计算以禽畜养殖数量、污水排放量或医院床位数等代替排放量进行计算。

2.计税依据确定顺序

（1）安装符合规定和规范的自动检测设备的，按照自动监测数据计算。

（2）未安装使用自动监测设备的，按照检测机构出具的监测数据计算。

（3）不具备监测条件的，按照规定的排污系数、物料衡算方法计算。

（4）不能按上述方法计算的，按照省级人民政府环保部门的抽样测算方法核定计算。

3.以"产生量"作为"排放量"的情形

（1）有下列情形之一的，以其当期应税大气污染物、水污染物的产生量作为污染物的排放量：

①未依法安装使用污染物自动监测设备或者未将监测设备与环境保护主管部门的监控设备联网。

②损毁或者擅自移动、改变污染物自动监测设备。

③篡改、伪造污染物监测数据。

④通过暗管、渗井、渗坑、灌注或者稀释排放以及不正常运行设施等方式违法排放应税污染物。

⑤进行虚假纳税申报。

（2）有下列情形之一的，以其当期应税固体废物的产生量作为固体废物的排放量：

①非法倾倒应税固体废物。

②进行虚假纳税申报。

 环境保护税税收优惠和征收管理

第46记 2分

飞越必刷题：69、84、85、174

（一）税收优惠

记忆提示	优惠类型	具体内容
农业	免税	农业生产（不包括规模化养殖）排放应税污染物
交通工具		机动车、铁路机车、非道路移动机械、船舶和航空器等流动污染源排放应税污染物
专业场所排放		城乡污水集中处理、生活垃圾集中处理场所排放相应应税污染物，不超过国家和地方排放标准的
综合利用		综合利用的固体废物，符合国家和地方环境保护标准的
低于标准减征	减征	（1）排放应税大气污染物或者水污染物的浓度值低于国家和地方规定排放标准30%的，减按75%征收。（2）排放应税大气污染物或者水污染物的浓度值低于国家和地方规定排放标准50%的，减按50%征收

（二）征收管理

项目	具体规定
纳税义务发生时间	排放应税污染物的当日
纳税期限	按月计算、按季度申报
缴款期限	季度终了之日起15日内申报缴纳税款

续表

项目	具体规定
纳税地点	应税污染物排放地。 （1）应税大气污染物、水污染物排放口所在地。 （2）应税固体废物产生地。 （3）应税噪声产生地

第五模块

房地产相关税种

● 本模块包括教材中"第九章""第十章"的内容。

（1）出题方式：计算问答题中有一道其他以客观题为主。

（2）近三年分值：合计8～12分。

（3）与其他章节的结合：房产税、城镇土地使用税也可能在综合题中与企业所得税相结合。

学会延迟满足，才能走得更远，飞得更高。

第47记 〔2分〕 **耕地占用税**

飞越必刷题：86、87、97

耕地占用税是对占用耕地建房或者从事其他非农业建设的单位和个人，就其实际占用的耕地面积一次性征收的一种税。

要素	具体规定
纳税人	（1）经批准占用的，为审批文件中标明的建设用地人。 （2）审批文件中未标明建设用地人的，为用地申请人。 （3）未经批准占用耕地的，为实际用地人
征税范围	占用菜地、园地、林地、草地、农田水利用地、养殖水面、渔业水域滩涂从事非农业建设。 提示：直接为农业生产服务的生产设施占用上述农用地的，不征收耕地占用税
税率和计税依据	（1）税率：地区差别定额税率；占用基本农田的，应当按照适用税额乘以150%。 （2）计税依据：实际占用的耕地面积
税额计算	应纳税额=应税土地面积（平方米）×适用税额 占用基本农田：应纳税额=应税土地面积×适用税额×150%
税收优惠	非经营自用免税：（1）军事设施占用耕地。 （2）学校、幼儿园、社会福利机构、医疗机构占用耕地
	交通设施2元：铁路线路、公路线路、飞机场跑道、停机坪、港口、航道、水利工程占用耕地，减按每平方米2元征税 提示：专用铁路和铁路专用线、专用公路和城区内机动车道占用耕地正常纳税，无减征规定

续表

要素		具体规定
税收优惠	新建减半、搬迁免税	（1）农村居民在规定用地标准以内占用耕地新建自用住宅，按照当地适用税额减半征收耕地占用税。 （2）农村居民经批准搬迁，新建自用住宅占用耕地不超过原宅基地面积的部分，免征耕地占用税
纳税义务发生时间		收到自然资源主管部门办理占用耕地手续的书面通知的当日。自纳税义务发生之日起30日内申报纳税
临时占用耕地退税		（1）因建设项目施工或者地质勘查临时占用耕地，自批准临时占用期满1年之内复垦恢复种植条件的，予以退税。 （2）因挖损、采矿塌陷、压占、污染等损毁耕地，自认定损毁之日起3年内复垦或修复的，恢复种植条件的，予以退税

第48记 城镇土地使用税 [2分]

飞越必刷题：88、89、98

（一）纳税义务人

情形	纳税人
一般情形	拥有土地使用权的单位和个人
拥有土地使用权的单位或个人不在土地所在地	实际使用人和代管人
土地使用权未确定或权属纠纷未解决	实际使用人
土地使用权共有	共有各方
承租集体所有建设用地	直接从集体经济组织承租土地的单位和个人

（二）征税范围

仅限于城市、县城、建制镇和工矿区。不包括农村。

（三）计税依据

情形	实际占用土地面积的确定
已测：由政府确定的单位组织测定土地面积	测定的面积
没测但有证：尚未组织测量，但持有土地使用证书	证书确认的面积
没测也没证：尚未核发土地使用证书	自行据实申报面积，发证后再调整
单独建造的地下建筑用地	（1）有证的，按证书确认的面积。 （2）未取证或未注明的，按垂直投影面积

（四）应纳税额的计算

全年应纳税额=实际占用应税土地面积（平方米）×适用税额

提示：单独建造的地下建筑用地按应征税款的50%征收。

命题角度：土地面积的确定顺序和纳税义务发生时间。

（1）实际占用土地面积需要按照顺序确定：测定的面积→土地证面积→无证或证上未注明的，自行申报，再作调整。

（2）上述公式计算出的税额是全年应纳税额。如果占用土地不到一年，需要计算实际占用期间按月分摊应该缴纳的城镇土地使用税，所以计算中还会涉及纳税义务发生时间的知识点。

（五）税收优惠

类型	优惠类型	具体范围
农业	免征	直接用于农、林、牧、渔业的生产用地
非经营自用	免征	（1）国家机关、人民团队、军队自用的土地。 （2）由国家财政部门拨付事业经费的单位自用的土地。 （3）宗教寺庙、公园、名胜古迹自用的土地。 （4）非营利性医疗机构、疾病控制机构和妇幼保健机构等卫生机构和非营利性科研机构自用的土地。 （5）国家拨付事业经费和企业办的学校、托儿所、幼儿园自用的土地
公用的	免征	（1）市政街道、广场、绿化地带等公共用地。 （2）铁路专用线、公路等用地、公共绿化用地和向社会开放的公园用地，在厂区以外的，免税。 提示：厂区（包括生产、办公及生活区）以内的绿化用地征税。 （3）对改造安置住房建设用地
无偿使用	看谁用	（1）免税单位无偿使用纳税单位的土地，免税。 （2）纳税单位无偿使用免税单位的土地，征税。 （3）共同使用，对纳税单位按所占面积比例征税
特殊行业	根据土地位置性质减或免	（1）油气生产建设施工临时用地、对盐场的盐滩、盐矿的矿井用地，免税。 （2）对物流企业自有（包括自用和出租）或承租的大宗商品仓储设施用地，减按50%计征。 提示：物流企业的办公、生活用地及其他非直接用于大宗商品仓储的土地，不得减征。

续表

类型	优惠类型	具体范围
特殊行业	根据土地位置性质减或免	（3）农产品批发市场、农贸市场（包括自有和承租）专门经营农产品（直接用于农产品交易）的房产、土地，免税。 提示：行政办公区、生活区、商业餐饮娱乐等房产、土地均不得免税。 （4）城市公交场站、道路客运场站、轨道交通系统运营用地，免税
省级决定	省、自治区、直辖市确定减免税	（1）个人所有的居住房屋及院落用地。 （2）免税单位职工家属的宿舍用地。 （3）集体和个人办的各类学校、医院、托儿所和幼儿园用地

（六）纳税义务发生时间

见第51记"房产税税收优惠和纳税义务发生时间"。

第49记 2分 房产税纳税义务人和征税范围

飞越必刷题：99

（一）纳税义务人

提示：房地产开发企业建造的商品房，在出售前，不征收房产税；但对出售前房地产开发企业已使用或出租、出借的商品房，应按规定征税。

情形	纳税人
一般情形	产权所有人
产权归国家所有的	经营管理单位
产权属于集体和个人所有的	集体和个人
产权出典的	承典人
产权所有人、承典人不在房屋所在地的	代管人或使用人
产权未确定或租典纠纷未解决的	代管人或使用人
纳税单位或个人无租使用房产	使用人

（二）征税范围

应税房产，指有屋面和围护结构（有墙或两边有柱），能够遮风避雨，可供人们在其中生产、学习、工作、娱乐、居住或储藏物资的场所。

仅限于在城市、县城、建制镇和工矿区范围内的房产，不包括农村的房产。

第50记 2分 **房产税的税率、计税依据和计算**

飞越必刷题：90、91、99、177、179

（一）计税依据及税率

计税方法	计税依据	税率	计税依据特殊规定
从租计征	租金收入（不含增值税）	一般：12%； 个人出租住房、各类单位向个人、专业化规模化住房租赁企业出租住房：4%	免收租金期间由产权所有人按照余值征收（从价计征）
从价计征	房产原值减除10%～30%后的余值	1.2%	（1）原值应包含地价，宗地容积率低于0.5，按房产建筑面积的2倍计算土地面积计算地价。 （2）原值应包括与房屋不可分割的各种附属设备或一般不单独计算价值的配套设施。 （3）改扩建的，要相应增加房产的原值。 （4）原值不得扣减任何折旧

提示：租赁合同约定有免收租金期限（"免租期"），免租期内由产权所有人按照房产余值从价计征房产税。

（二）特殊用途和形式下的计税依据

情形	具体规定
投资联营的房产	（1）参与投资利润分红，共担风险的，从价计征。 （2）收取固定收入，不承担联营风险的，从租计征
融资租赁的房屋	由承租人从价计征（自合同约定开始之日的次月起缴纳）
居民住宅区内业主共有的经营性房产	代管人或使用人缴纳（自营的，从价计征；出租的，从租计征）
具备房屋功能的地下建筑	（1）与地上房屋相连的地下建筑，与地上视为整体，按照地上房屋的规定计征房产税（自营的，从价计征；出租的，从租计征）。 （2）自用的独立地下建筑（从价计征时）： 工业用途，以原价的50%～60%作为原值； 商业及其他用途，以原价的70%～80%作为原值

（三）应纳税额的计算

1.从租计征

应纳税额=租金收入×12%（或4%）

2.从价计征

应纳税额=应税房产原值×（1–扣除比例）×1.2%

◀ ◀ ◀ **通关绿卡**

命题角度：房产税的计算。

房产税计算类题目的解题思路和步骤如下：

（1）判断是自用还是出租。

①自用的，找原值，从价计征（注意地价和与房屋不可分割的附属设施配套设备）。

②出租的，看租金，从租计征（注意租金是年租金，还是月租金）。

（2）如果房产是独立的地下建筑，还需要区分工业和商业用途，将原价按比例先打折（工业用途50%～60%，商业及其他用途70%～80%）后作为原值。

（3）在一年之中既有自用，又有对外出租时，需要按照纳税义务发生时间分段分别计算。

提示：

①从价计征时计算的是全年应纳房产税，需要按照实际纳税义务的月份分摊换算。

②从租计征方式下，计算出来的房产税与租金对应的期限一致。

 第51记 **2分**

房产税税收优惠和纳税义务发生时间

飞越必刷题：92、177

（一）税收优惠

类型	优惠类型	具体范围
非经营自用	免税	（1）国家机关、人民团体、军队自用的房产。 （2）由国家财政部门拨付事业经费的学校、医疗卫生单位、托儿所、幼儿园、敬老院、文化、体育、艺术等实行全额或差额预算管理的事业单位，本身自用的房产。 提示：上述单位经费来源实行自收自支后，应征收房产税。 （3）宗教寺庙、公园、名胜古迹自用的房产（其中附设的经营、营业单位的照常征税）。 （4）非营利性医疗机构、疾病控制机构和妇幼保健机构等卫生机构自用房产。 （5）个人所有非营业用的房产（居民住房）。

续表

类型	优惠类型	具体范围
非经营自用	免税	（6）企业办的各类学校、医院、托儿所、幼儿园自用的房产。 （7）为社区提供养老、托育、家政等服务机构自用的房产
毁损、基建	免税	（1）对毁损不堪居住的房屋和危险房屋，在停止使用后。 （2）因房屋大修导致连续停用半年以上的，在大修期间。 （3）基建工地各种工棚、材料棚、休息棚、办公室、食堂、茶炉房、汽车房等临时性房屋，施工期间免征（施工后转交的，征税）
共用的	看谁用	纳税单位与免税单位共同使用的房屋，按各自使用的部分分别征收或免征房产税
其他	免税	（1）出租的公有住房和廉租住房、经营公租房的租金。 （2）高校学生公寓。 （3）农产品批发市场、农贸市场专用于经营农产品的房产。 （4）商品储备公司及其直属库自用的商品储备用房产。 （5）饮水工程运营管理单位自用的生产办公用房。 （6）国家级、省级科技企业孵化器、大学科技园和众创空间自用以及提供给在孵对象使用的房产

（二）纳税义务发生时间（与城镇土地使用税结合记忆）

情形	房产税	城镇土地使用税
购置新建商品	房屋交付使用之次月	
购置存量房	签发房屋权属证书之次月	
出租、出借房产	出租、出借之次月	
房地产开发企业自用、出租、出借商品房	使用或交付之次月	
将原有房产用于生产经营	生产经营之当月	—
自行新建房屋用于生产经营	建成之次月	—
委托施工企业建设的房屋	验收之次月	—
有偿取得土地使用权的	—	合同约定交付时间的次月； 未约定交付时间的，合同签订的次月
新征用的耕地	—	批准征用之日起满1年时
新征用的非耕地	—	批准征用次月

第52记 2分 **契税纳税义务人和征税范围**

飞越必刷题：93、177

（一）纳税义务人

在境内转移土地、房屋权属，承受土地、房屋权属的单位和个人。

（二）征税范围

1.土地使用权出让

提示：不得因减免土地出让金而减免契税。

2.土地使用权的转让

包括：土地使用权的出售、赠与、互换。

不包括：土地承包经营权和土地经营权的转移。

3.房屋买卖、赠与、互换

以下几种特殊情况，由产权承受方缴纳契税：

（1）以房屋抵债或实物交换房屋。

（2）以房产作价投资、入股。

提示：以个人自有房产投入本人独资经营的企业，不征契税。

（3）房屋的赠与、以获奖方式承受房屋权属，均应缴纳契税。

4.其他情形承受房地产权属的

因共有不动产份额变化，因共有人增加或者减少，以及因人民法院、仲裁、监察机关的生效法律文书等因素，发生土地房屋权属转移的。

第53记 2分 **契税税率、计税依据和计算**

飞越必刷题：100、101、177

（一）税率

契税实行3%～5%的幅度比例税率。

（二）计税依据

计税依据类型	适用情形	具体事项
成交价格	土地使用权出让	计税依据应包括：土地出让金、土地补偿费、安置补助费、地上附着物和青苗补偿费、拆迁补偿费、市政建设配套费等
	土地使用权出售、房屋买卖	承受已装修房屋的，装修费应计入总价
	以房抵债、实物交换房屋、以房产投资入股	计税依据为应交付的货币、实物资产、无形资产或其他经济利益

续表

计税依据类型	适用情形	具体事项
核定价格	土地使用权和房屋赠与； 划转、奖励方式转移土地房屋权属	税务机关参照市场价格依法核定
价格差额 （"差价"）	土地使用权互换、房屋互换	（1）互换支付的价格差额。 （2）等价交换不交税；有差价的，由支付差价的一方交税

提示：

（1）涉及划拨地转让的特殊规定：划拨地改为出让地的，计税依据为补缴的土地出让金，同时转让划拨地上房地产的，还应包括房地产转让价。

（2）承受房屋附属设施的特殊规定：附属设施与房屋为同一不动产单元的，与房屋合并计税；与房屋为不同不动产单元的，单独计税。

（三）应纳税额的计算

应纳税额=计税依据×税率

契税税收优惠和征收管理

第54记 2分

飞越必刷题：94

（一）税收优惠

情形	优惠类型	具体范围
农业	免税	承受荒山、荒地、荒滩土地使用权，并用于农、林、牧、渔业生产
非经营 自用	免税	（1）国家机关、事业单位、社会团体、军事单位承受土地、房屋权属用于办公、教学、医疗、科研和军事设施。 （2）非营利性的学校、医疗机构、社会福利机构承受土地、房屋权属用于办公、教学、医疗、科研、养老、救助。 提示：仅限于直接用于办公、教学、医疗、科研、军事、养老、救助的土地和房屋。 （3）为社区提供养老、托育、家政等服务的机构承受房屋、土地，用于社区养老、托育、家政服务
外交	免税	按规定应予以免税的外国驻华使馆、领事馆和国际组织驻华代表机构承受土地、房屋权属

情形	优惠类型	具体范围
婚姻家庭	免税	（1）婚姻关系存续期间夫妻之间变更土地、房屋权属。 （2）夫妻因离婚分割共同财产发生土地、房屋权属变更。 （3）法定继承人通过继承承受土地、房屋权属
售后回租	先征后免	金融租赁公司开展售后回租业务，承受承租人房屋、土地权属的，照常征税。售后回租合同期满，承租人回购原房屋、土地权属的，免征契税
公房、公租房、经济适用房、改造安置房、保障住房、饮水工程	免税	（1）城镇职工第一次购买公有住房的，已购公有住房补缴土地出让价款的。 （2）经济适用住房经营管理单位回购经济适用住房；公租房经营管理单位购买公租房；棚户区改造中，经营管理单位回购已分配的改造安置住房。 （3）易地扶贫搬迁贫困人口按规定取得的安置住房。 （4）保障性住房经营管理单位回购保障性住房继续作为保障性住房房源。 （5）饮水工程运营管理单位为建设饮水工程而承受土地使用权
省级决定	省级政府决定	（1）土地、房屋被县级以上人民政府征收征用，重新承受土地、房屋权属的。 （2）因不可抗力灭失住房，新承受住房权属的

（二）个人购买住房优惠税率

房产类型		面积	契税税率
保障性房源		不限	1%
经济适用住房		不限	减半征收
改造安置住房		90平方米以下（含）	1%
		90平方米以上	按法定税率减半征收
普通住房	家庭唯一住房	90平方米以下（含）	1%
		90平方米以上	1.5%
	家庭第二套住房（北上广深除外）	90平方米以下（含）	1%
		90平方米以上	2%

（三）企业改制重组税收优惠

（1）企业改制（原投资主体需持股超过75%）、公司合并分立、债转股等行为涉及的房产土地权属承受方，免征契税。

（2）同一投资主体内部所属企业之间房地产权属的划转，包括母公司与其全资子公司之间（含增资），同一公司所属全资子公司之间，同一自然人与其设立的个人独资企业、一人有限公司之间，免征契税。

（3）企业破产，债权人承受权属，免税；非债权人与全部职工签订不少于3年劳动合同，免税；非债权人与30%以上职工签订不少于3年劳动合同的，减半征收。

（四）征收管理

1.纳税义务发生时间和纳税期限

情形	纳税义务发生时间	纳税期限
签订土地、房屋权属转移合同的	签订合同的当日	办理权属登记前
法院生效法律文书发生权属转移的	法律文书生效当日	纳税义务发生之日90日内
改变用途补缴的	改变用途或条件的当日	

2.纳税地点

土地、房屋所在地。

3.退税

（1）办理登记前，权属转移合同不生效、无效、被撤销或者被解除的，可以申请退税。

（2）缴纳契税后发生下列情形，可以申请退税：

①因人民法院判决或者仲裁委员会裁决导致土地、房屋权属转移行为无效、被撤销或者被解除，土地、房屋权属变更至原权利人的。

②在出让土地使用权交付时，需退还土地出让价款的。

③在新建商品房交付时，需返还房价款的。

第**55**记 [2分]

土地增值税的征税范围、税率和计算公式

飞越必刷题：96、175、176、177

（一）基本征税范围

（1）转让国有土地使用权。

（2）地上的建筑物及其附着物连同国有土地使用权一并转让。

（3）存量房地产的买卖。

提示：土地增值税征税与否应以房地产权属（土地使用权和房产产权）的变更为标准。凡权属未转让的，不征收土地增值税。

（二）特殊征税范围

行为	不征税或暂免征税的情形	应征税的情形
房地产抵押	抵押期间或抵押期满未发生权属变更的（不征收）	抵押期满后权属转移的

行为	不征税或暂免征税的情形	应征税的情形
房地产交换	个人之间互换自有居住用房， 经税务机关核实（免征）	单位之间互换
合作建房	建成后按比例分房自用（不征收）	建成后转让

（三）不属于征税范围的情形

（1）国有土地使用权出让。

（2）房地产的继承。

（3）下列特殊情形下的房地产赠与：

①赠与直系亲属或承担直接赡养义务的人。

②通过中国境内非营利的社会团体、国家机关赠与教育、民政、社会福利和公益事业。

（4）房地产的出租。

（5）房地产的代建行为。

（6）房地产的重新评估。

（四）税率和计算公式

级数	增值额与扣除项目金额的比率	税率	速算扣除系数
1	不超过50%的部分	30%	0
2	超过50%～100%的部分	40%	5%
3	超过100%～200%的部分	50%	15%
4	超过200%的部分	60%	35%

计算公式：

土地增值税应纳税额=增值额×适用税率－扣除项目金额×速算扣除系数

增值额与扣除项目金额的比率=增值额÷扣除项目金额×100%

 第56记 4分 **土地增值税的收入与扣除项目**

飞越必刷题：95、102、175、176

（一）应税收入

1.一般情况

应税收入包括货币、实物等全部经济利益，不含增值税。

提示：销售时未全额开票的，以销售合同上的售房金额（及其他收益）作为收入。

2.视同销售收入的确定

房地产开发企业将开发产品用于职工福利、奖励、对外投资、分红、偿债、换取非货币性资产等，发生所有权转移时应视同销售房地产，其收入按下列方法和顺序确认：

（1）本企业在同一地区、同一年度销售的同类房地产的平均价格。

（2）由税务机关参照市场价格或评估价值确定。

命题角度：房地产开发企业视同销售、转为自用、出租等情形下土地增值税的计算。

房地产开发企业发生视同销售行为，其收入应该予以确认，这部分房产相对应的开发成本费用等也允许在计算土地增值税时予以扣除。

如果房地产开发企业将剩余部分转为自用或出租等情形时，由于产权没有发生转移，不属于土地增值税的征税范围，不作为收入，这部分房产对应的成本费用也不得在计算中扣除。

（二）扣除项目

项目	规定
项目1：取得土地使用权所支付的金额	(1) 为取得土地使用权所支付的地价款或土地出让金。 (2) 在取得土地使用权时按国家统一规定缴纳的有关费用，包括办理有关手续而缴纳的登记、过户等手续费。 (3) 此项目中包括取得土地使用权而缴纳的契税。 提示：房地产开发企业的土地闲置费不得扣除
项目2：房地产开发成本	(1) 土地征用及拆迁补偿费（包括土地征用费、耕地占用税、劳动力安置费、安置动迁用房支出、拆迁安置费等）。 (2) 前期工程费，包括规划、设计、可行性研究和"三通一平"等费用。 (3) 建筑安装工程费。 提示： ①已装修的房屋，其装修费可以扣除。 ②扣留建筑安装施工企业的质量保证金，已开具发票的，准予扣除；未开具发票的，不得扣除。 (4) 基础设施费（包括道路、供水供电供气、排污排洪、通信照明环卫绿化等）。 (5) 公共配套设施费。 提示：清算的房地产项目配套设施的成本费用等支出按以下原则处理： ①产权属于全体业主所有的、无偿移交给政府、公用事业单位用于非营利性社会公共事业的，可以扣除。

项目	规定
项目2：房地产开发成本	②建成后有偿转让的，可以扣除（同时需计算对应的收入）。 （6）开发间接费用，指直接组织、管理项目开发而发生的费用（包括工资、职工福利费、折旧费、修理费、办公水电劳动保护等费用）。 提示：预提的各类费用不得扣除
项目3：房地产开发费用	（1）能够按项目分摊并能提供金融机构贷款证明的： 房地产开发费用=利息+（项目1+项目2）×5% 提示：公式中的利息不能超过按商业银行同类同期贷款利率计算的金额。 （2）不能按项目分摊，或不能提供金融机构贷款证明的： 房地产开发费用=（项目1+项目2）×10% 提示：全部使用自有资金，没有利息支出的，也按照此方法扣除。 上述两种办法只能二选一，不能同时适用
项目4：与转让房地产有关的税金	（1）包括转让房地产时缴纳的城市维护建设税、教育费附加、印花税。 （2）房地产开发企业的印花税不允许在此项目中扣除。 （3）房地产开发企业缴纳的城市维护建设税、教育费附加，能够按项目核算的，准予据实扣除；不能按项目核算的，按预缴增值税时实缴的城市维护建设税和教育费附加扣除
项目5：其他扣除项目	其他扣除项目=（取得土地使用权所支付的金额+房地产开发成本）×20% 提示：仅限于房地产开发企业，其他纳税人不适用
项目6：旧房及建筑物的评估价格	（1）能取得评估价格，由房地产评估机构按照重置成本价乘以成新度折扣率后评定。 评估价格=重置成本价×成新度折扣率 （2）不能取得评估价格，但能提供购房发票的，可按发票所载金额并从购买年度起至转让年度止每年加计5%计算扣除（满12个月计1年；超过1年，未满12个月但超过6个月的，可以视为1年）。 即，购房发票所载金额×（1+5%×年限）

通关绿卡

命题角度1：土地增值税计算中扣除项目的规定。

（1）分期开发的情形：取得土地使用权后分片分期开发的，应乘以"开发比例"；房地产项目如果没有全部完成销售的，还应乘以"销售比例"。具体要看题目中已知条件。

（2）"房企卖新房"中房地产开发企业为取得土地使用权缴纳的契税，作为"项目1"扣除；"存量房地产转让"中没有评估价的情形，原购房时缴纳的契税，应计入"项目4"进行扣除。

（3）"项目3"公式中的利息，应按照商业银行同期同类贷款利率计算的利息金额扣除，超出部分及加、罚息不可以扣除。

（4）土地增值税的扣除项目适用情形汇总：

扣除项目	房地产开发企业新建房地产	非房地产开发企业新建房地产	存量房地产转让	土地使用权转让
项目1：取得土地使用权所支付的金额	√（包括契税）	√	√	√
项目2：房地产开发成本	√	√	×	×
项目3：房地产开发费用 利息+（"项目1"+"项目2"）×5%或（"项目1"+"项目2"）×10%	√	√	×	×
项目4：与转让房地产有关的税金（不包括增值税）	√	√	√	√
项目5：其他扣除项目（只适用于房地产开发企业）（"项目1"+"项目2"）×20%	√	×	×	×
项目6：旧房及建筑物的评估价格。评估价格=重置成本价×成新度折扣率	×	×	√	×

命题角度2：土地增值税的计算。

计算土地增值税步骤如下：

第一步，计算转让房地产的应税收入总额。注意计税收入应该是不含增值税的收入。

第二步，计算允许扣除项目的金额。这里需要注意的是：

（1）按照不同的情形确定适用的扣除项目。

（2）如果有分期开发的项目，需要按照清算项目已售面积所占的比例，匹配相应的扣除项目。

第三步，用应税收入总额减除扣除项目金额，计算出增值额。

第四步，计算增值额与扣除项目金额的比率，以确定适用税率和速算扣除系数。

第五步，按照公式计算税额。

第57记 土地增值税清算、税收优惠和征收管理

2分

飞越必刷题：96、175、176

（一）土地增值税清算条件

清算类型	具体条件
应进行清算的情形	（1）项目全部竣工、完成销售的。 （2）整体转让未竣工决算项目的。 （3）直接转让土地使用权的
税务机关可以要求清算的情形	（1）已竣工验收的项目，已转让的建筑面积占整个项目可售建筑面积的比例在85%以上，或该比例虽未超过85%，但剩余的已经出租或自用的。 （2）取得销售（预售）许可证满3年仍未销售完毕的。 （3）申请注销税务登记但未办理清算手续的

提示：纳税人应当在满足应当进行清算条件之日，或接到主管税务机关下发的清算通知之日起90日内到主管税务机关办理清算手续。

（二）税收优惠

情形	优惠类型	具体范围
"增值不超20%"	免税	（1）建造普通标准住宅出售，且增值率未超过20%的（超过20%的，全额征税）。 （2）单位或组织转让旧房作为改造安置住房房源、公租房房源或保障性住房房源，且"增值率"未超过20%的
"国家需要"	免税	（1）因国家建设需要依法征用、收回的房地产。 （2）因城市实施规划、国家建设的需要而搬迁，自行转让原房地产的
"个人卖房"	免税	个人销售住房
"改制重组"	暂不征收	企业整体改制、企业合并分立、单位和个人以房地产作价投资入股过程中涉及的房地产转移、变更等情形（不适用于房地产开发企业）

（三）征收管理

在合同签订后7日内向房地产所在地主管税务机关申报纳税。

企业所得税法

- 本模块包括教材中"第四章"相关内容。
  （1）出题方式：各种形式每年必有一道综合题出自本章。
  （2）近三年分值：约17～21分。
  （3）与其他章节的结合：综合题中会结合城市维护建设税、房产税、城镇土地使用税、印花税、车船税和土地增值税的计算一并考查。

企业所得税和个人所得税章节，如同我们冲向终点之路上的两座大山。但请你坚持下去，翻过这两座大山，希望就在前方。

第58记 2分 企业所得税的纳税义务人、征税对象与税率

飞越必刷题：113

493 6-1

（一）纳税义务人和征税对象

企业类型	纳税义务人	征税对象
居民企业	（1）依法在中国境内成立。 （2）依照外国（地区）法律成立但实际管理机构在中国境内的企业。 提示：也包括取得所得的事业单位、社会团体	来源于中国境内、境外的所得
非居民企业	依照外国（地区）法律成立且实际管理机构不在中国境内，但在中国境内设立机构、场所的企业	机构、场所来源于中国境内、境外的所得（境外所得应与其机构场所有实际联系）
	在中国境内未设立机构、场所，但有来源于中国境内所得的企业	来源于中国境内的所得

（二）税率

种类	税率	适用范围
基本税率	25%	（1）居民企业。 （2）非居民企业在境内设立的机构、场所，取得所得与其机构场所有实际联系
非居民企业税率	20% 减按10%	（1）虽设立机构、场所，但取得的所得与其机构场所无实际联系。 （2）在境内未设机构、场所，但有来源于境内的所得
优惠税率	20%	符合条件的小型微利企业（应纳税所得额还有减征规定）

续表

种类	税率	适用范围
优惠税率	15%	(1) 高新技术企业。 (2) 技术先进型服务企业。 (3) 海南自由贸易港、西部大开发等区域性优惠政策

提示：企业所得税税率要求背记。

（三）所得来源的确定

所得类型		所得来源的界定
销售货物、提供劳务		交易活动或劳务发生地
转让财产	动产转让所得	转让动产的企业或机构、场所所在地
	不动产转让所得	不动产所在地
	权益性投资资产转让所得	被投资企业所在地
股息、红利等权益性投资		分配所得的企业所在地
利息、租金、特许权使用费		支付所得的企业所在地

应纳税所得额的计算——应税收入

第59记 **4分**

飞越必刷题：104、114、115、178、180、181

基本计算公式——间接法

应纳税所得额＝会计利润总额±纳税调整项目金额（-允许弥补的以前年度亏损）

应纳税额＝应纳税所得额×税率（-允许抵免的税额）

提示：在采用间接法解企业所得税综合题时，首先应关注是否存在做错账而需要调整会计利润的情形。如有，则需要先计算出正确的会计利润，再进行后面的步骤。

（一）应税收入的形式

形式	具体包括
货币形式	现金、存款、应收账款、应收票据、准备持有至到期的债券投资、债务的豁免等
非货币形式	固定资产、生物资产、无形资产、股权投资、存货、不准备持有至到期的债券投资、劳务以及有关权益等

（二）一般收入的确认

1.收入确认的时点

收入类型		收入确认时点
销售商品收入	托收承付方式	办妥托收手续时
	预收款方式	发出商品时
	采用支付手续费方式委托代销的	收到代销清单时
	所售商品需要安装和检验的	购买方接受商品以及安装和检验完毕时。如果安装程序比较简单，可在发出商品时确认收入
	分期收款方式	合同约定的收款日期
	产品分成方式	分得产品的日期
提供劳务收入		完工进度（完工百分比）法确认
转让财产收入		其中的转让股权收入，在转让协议生效且完成股权变更手续时
股息、红利等权益性投资收益		被投资方作出利润分配决定的日期
利息收入		合同约定的债务人应付利息的日期
租金收入		合同约定的应付租金的日期。如果交易合同或协议中规定租赁期限跨年度，且租金提前一次性支付的，在租赁期内，分期均匀计入相关年度收入
特许权使用费收入		合同约定的应付特许权使用费的日期
接受捐赠收入		实际收到捐赠资产的日期

2.特殊销售方式收入的确认

（1）以旧换新、以物易物，均按正常按照销售商品（新货物的价格）确认收入，回收（或换回）的商品作为购进商品处理。

（2）各类折扣折让的处理：

折扣类型	对收入的影响
商业折扣（折扣销售）	允许扣，按扣除后的金额确认收入
现金折扣（销售折扣）	不得扣，按扣除前的金额确认收入（现金折扣作为财务费用扣除）
销售折让、销售退回	允许扣，在发生当期冲减收入

（3）以买一赠一等方式组合销售本企业商品的，不属于捐赠，应将总的销售金额按各项商品的公允价值的比例来分摊确认各项的销售收入。

第60记 4分 应纳税所得额的计算——特殊类型收入的确认

飞越必刷题：105、117、119、181

（一）视同销售

内部处置，不视同销售	外部移送，视同销售
（1）将资产用于生产、制造、加工另一产品。	（1）用于市场推广或销售。
（2）改变资产形状、结构或性能。	（2）用于交际应酬。
（3）改变资产用途（如自建商品房转为自用或经营）。	（3）用于职工奖励或福利。
（4）将资产在总机构及其分支机构之间转移（不包含跨境转移）。	（4）用于股息分配。
（5）上述两种或两种以上情形的混合。	（5）用于对外捐赠。
（6）其他不改变资产所有权属的用途	（6）其他改变资产所有权属的用途

通关绿卡

命题角度：企业所得税视同销售的规定。

（1）企业所得税中只有"外部移送"才需要视同销售，按公允价值确认收入。

（2）企业所得税和增值税规定的差异总结如下（√属于视同销售，×不属于视同销售）：

情形	内部处置		外部移送			
	在建工程	总分机构	赠送	职工福利	分配	投资
增值税	×	√（同一县市的除外）	√	√（购进的除外）	√	√
企业所得税	×	×（境外除外）	√	√	√	√

（3）在应税收入项目中，有三个重要的项目可能会产生税会差异：

①将货物、财产、劳务用于捐赠、赞助、广告、样品时，会计上只计入"销售费用""营业外支出"等科目而不确认收入，但是按照企业所得税法相关规定，需要视同销售确认收入（同时也要确认视同销售成本，对利润/应纳税所得额影响为0，但会影响业务招待费、广告费和业务宣传费扣除限额的计算）。

②与长期股权投资相关的项目，在会计上采用权益法核算，而税法上则按照初始成本核算时，对长期股权投资初始成本的计量，以及税后利润、股息分配等，都会导致会计和税法上的差异。

③特许权使用费收入、利息收入、租金收入这三项，在税法上是完全按照合同约定应付的日期确认收入的实现，而在会计上收入确认应遵循权责发生制和对应会计准则的要求。

（二）非货币性资产投资、转让限售股和接收划入资产的处理

情形	企业所得税处理
企业以非货币资产对外投资	（1）按评估后的公允价值减除计税基础确认为财产转让所得。 （2）所得可以分5年均匀计入应纳税所得额（投资方取得的被投资企业的股权的计税基础每年等额增加）。 （3）5年内转让或收回投资的，停止递延纳税政策，对剩余尚未确认的所得一次性确认缴税
企业转让代个人持有的限售股	（1）限售股转让收入扣除原值和合理税费后为转让所得。 （2）不能计算原值的，以转让收入的15%核定为原值和合理税费进行计算。 （3）依法院判决、裁定等原因，将代持的个人限售股直接变更到实际所有人名下，不视同转让限售股，不征税
企业接收政府和股东划入资产	（1）政府投资资产，作为国家资本金，不征税。 （2）政府指定用途资产，符合"专项用途财政性资金"条件的，作为不征税收入（见"不征税收入"部分）。 （3）其他情形，确定为应税收入。 提示：根据销售货物、劳务的数量、金额的一定比例给予的财政补贴收入，应按照权责发生制确认收入；除此之外其他情形，在实际取得时确认收入。 （4）接收股东划入资产：凡合同和协议约定作为资本金且会计上已做处理的，作为资本金，不征税；不同时满足上述条件的，计入应税收入

（三）可转债转换股权投资的所得税处理

期间/主体	购买方	发行方
持有期间	作为利息收入，正常交税	作为利息支出，税前扣除
转换时点	应收未收利息，一次性作为应税收入交税。 股权投资成本=购买价+应收未收利息+税费	应付未付利息， 视同已付，税前扣除

（四）永续债利息收入

处理方式	发行方（支付利息）处理	投资方（收取利息）处理
选择按股息、红利处理 （假设发行方和投资方均为居民企业）	利息支出不得税前扣除	利息收入为免税收入
选择按债券利息处理	利息支出依法税前扣除	利息收入正常交税

第61记 4分 **应纳税所得额的计算——不征税收入和免税收入**

飞越必刷题：103、118、178、179、181

（一）不征税收入

（1）财政拨款。

（2）符合条件的行政事业性收费、政府性基金。

（3）同时符合以下条件的"专项用途财政性资金"：

①企业能够提供资金专项用途的资金拨付文件。

②政府部门等对该资金有专门的资金管理办法或者具体管理要求。

③企业对该资金以及该资金发生的支出，单独进行核算。

凡收到的财政资金符合不征税收入的，其用于支出所形成的费用，不得在计算应纳税所得额时扣除。

提示：

各类财政性资金、直接减免的增值税和即征即退、先征后退、先征后返的各种税收，均应计入企业当年的收入总额，缴纳企业所得税。但是如下项目除外：

（1）按规定取得的出口退税款、增值税留抵退税款，不属于企业的收入，不计入收入总额。

（2）软件企业取得的即征即退的增值税税款属于收入总额，但允许作为不征税收入。

（二）免税收入

（1）国债利息收入。

国债相关收入的所得税处理总结如下：

收入类型	具体范围及描述	企业所得税处理
国债利息收入	持有期间或持有至到期取得的利息	免税
	到期前转让在持有期间按规定计算的尚未兑付的利息。 提示：持有期间尚未兑付的利息收入=国债票面金额×年利率÷365×持有天数	免税
国债转让收益	国债转让所得=转让收入−购买成本−持有期间尚未兑付的利息收入−相关交易税费	正常交税

（2）符合条件的居民企业之间（也包括非居民企业机构场所从居民企业取得的）的股息、红利等权益性投资收益。

提示：不包括连续持有居民企业公开发行并上市流通的股票不足12个月取得的投资收益。

（3）符合条件的非营利组织的非营利性活动收入。

通关绿卡

命题角度：考查税会差异中不征税收入和免税收入的纳税调整项目。

不征税收入和免税收入是产生"税会差异"而需要进行纳税调整项目的重点内容。

不征税收入不属于税收优惠，其对应的费用、折旧摊销不允许在税前扣除；免税收入属于税收优惠，其对应的支出允许在税前扣除。

第62记 [4分] 应纳税所得额的计算——税前扣除凭证的要求

飞越必刷题：179

（一）税前扣除凭证的分类

凭证类型	具体项目
内部凭证	企业自制用于成本、费用、损失和其他支出核算的会计原始凭证
外部凭证	企业从其他单位、个人取得的用于证明其支出发生的凭证，包括但不限于发票（包括纸质发票和电子发票）、财政票据、完税凭证、收款凭证、分割单等

（二）税前扣除凭证的具体要求

企业应在当年汇算清缴期结束前取得合法的税前扣除凭证。

1.税前扣除凭证的具体要求

支出类型		具体规定
境内发生的支出	属于增值税应税项目	（1）对方为已办理税务登记的增值税纳税人，以发票作为税前扣除凭证。 （2）对方为依法无须办理税务登记的单位或者从事小额零星经营业务的个人，以税务机关代开的发票或者收款凭证及内部凭证作为税前扣除凭证
	不属于增值税应税项目	（1）对方为单位的，以对方开具的其他外部凭证作为税前扣除凭证（按规定可以开发票的，以发票作为税前扣除凭证）。 （2）对方为个人的，以内部凭证作为税前扣除凭证
从境外购进货物或者劳务发生的支出		以对方开具的发票或者具有发票性质的收款凭证、相关税费缴纳凭证作为税前扣除凭证

2.税前扣除凭证的换开、补开

（1）企业真实且实际发生的支出未取得合法凭证，或凭证不合规的，应当在当年度汇算清缴期结束前，要求对方补开、换开发票或其他外部凭证。

补开、换开过程中，因对方注销、撤销、依法被吊销营业执照、被税务机关认定为非正常户等特殊原因无法补开、换开的，可凭以下"替代资料"在税前扣除：

①无法补开、换开发票、其他外部凭证原因的证明资料。

②相关业务活动的合同或者协议。

③采用非现金方式支付的付款凭证。

④其他：货物运输的证明资料、货物入库或出库内部凭证、会计核算记录以及其他资料。

提示：第①项至第③项为必备资料。

（2）汇算清缴期结束后，税务机关发现企业未取得合法凭证或凭证不合规并且告知企业的，企业应当自被告知之日起60日内补开、换开。

企业在规定的期限未能补开、换开，且未能提供"替代资料"的，相应支出不得扣除。

3.追补扣除

企业以前年度未取得扣除凭证也没有进行税前扣除的，在以后年度取得符合规定的凭证或"替代资料"，相应支出可以追补至该支出发生年度税前扣除，但追补年限不得超过5年。

第63记 6分 应纳税所得额的计算——税前扣除项目的具体规定

飞越必刷题：178、179、180、181

（一）工资、薪金项目

项目	情形	扣除标准
工资、薪金支出	合理、据实	据实扣除
因雇佣季节工、临时工、实习生、返聘离退休人员以及接受外部劳务派遣用工所实际发生的费用	属于工资、薪金的	计入工资、薪金总额，据实扣除
	属于福利费的	计入职工福利费，限额扣除
接受外部劳务派遣用工实际发生的费用	支付给员工本人，属于工资、薪金的	计入工资、薪金总额，据实扣除
	支付给员工本人，属于福利费的	计入职工福利费，限额扣除
	直接支付给劳务派遣公司的费用	作为劳务费扣除，不计入工资、薪金总额

提示：企业年度汇算清缴结束前，向员工实际支付的已预提的汇缴年度工资薪金，准予在汇缴年度按规定扣除。

（二）股权激励（包括限制性股票、股票期权）

种类		会计处理	企业所得税处理	纳税调整
立即可以行权的		确认成本费用	允许扣除	无须调整
经等待期后才可以行权的	等待期	每年确认为成本费用	不得扣除	纳税调增
	实际行权时	无处理（等待期已经处理完）	实际行权当年准予扣除的工资薪金=公允价格–员工支付的价格	纳税调减

（三）职工福利费、工会经费、职工教育经费

类型	扣除比例	超过标准部分的处理
职工福利费	工资薪金总额的14%	不得扣除
工会经费	工资薪金总额的2%	不得扣除
职工教育经费	工资薪金总额的8%	准予在以后纳税年度结转扣除

提示：软件生产企业职工教育经费中的职工培训费用，可以全额据实扣除。

（四）保险费

项目	扣除限制和要求
按规定缴纳的"四险一金"	准予扣除
补充养老保险、补充医疗保险	限额扣除（工资薪金总额的5%）
人身安全保险费	仅限于按照国家有关规定为特殊工种职工支付的，以及其他特殊列举情形的保险费，准予扣除
为投资者和职工支付的商业保险费	不得扣除
财产保险费	准予扣除

（五）业务招待费

下列两个标准取孰低，作为税前扣除的限额：

（1）实际发生额的60%。

（2）销售（营业）收入的5‰。

提示：

（1）销售（营业）收入包括主营业务收入、其他业务收入（均为财务口径数据）和企业所得税上的视同销售收入。

（2）筹建期的业务招待费按实际发生额的60%计入筹办费。筹办费扣除的具体规定见"长期待摊费用"。

（六）广告费和业务宣传费

企业类型	扣除上限	超限处理
一般企业	销售（营业）收入的15%	超过部分，准予结转至以后年度扣除
化妆品制造或销售、医药制造、饮料制造（不含酒）企业	销售（营业）收入的30%	
烟草企业	不得扣除	

提示：筹建期间的广告费和业务宣传费按实际发生额计入筹办费。

（七）公益性捐赠支出

捐赠类型	具体条件和范围	扣除规定
符合条件的一般公益性捐赠支出	通过公益性社会团体、公益群众团体或县级（含）以上人民政府及其部门，用于规定的公益事业的捐赠支出	扣除限额：年度利润总额12%；超出部分，准予向后结转3年内扣除

提示：

（1）在扣除时应先扣除以前年度结转的捐赠支出，再扣除当年发生的捐赠支出。

（2）在非货币性资产捐赠过程中发生的运费、保险费、人工费用等相关支出，凡包含在公益捐赠票据金额中的，允许作为公益性捐赠支出按规定扣除。

通关绿卡

命题角度：考查企业所得税按规定可以结转以后年度扣除的项目。

（1）职工教育经费：超过工资薪金总额8%的部分→可无限期结转。

（2）广告费和业务宣传费：超过规定的部分（一般企业15%，特定行业企业30%）→可无限期结转。

（3）公益性捐赠支出：超过年度利润总额12%的部分→三年内结转。

（八）利息和借款费用

项目		扣除规定
金融企业存款利息、金融企业同业拆借利息、企业经批准发行债券的利息		据实扣除
借款利息	向金融企业借款的利息支出	

续表

项目		扣除规定
借款利息	向非金融企业借款的利息支出	不超过金融企业同期同类贷款利率计算的部分，准予扣除
		关联方借款利息支出还需要同时符合债资比要求（一般企业不得超过2：1）
	企业向自然人借款	参照上述规则进行扣除，需签订借款协议并取得发票
	其他借款费用	应资本化的予以资本化，不允许在当期扣除

提示：企业向非金融企业的关联方借款发生的超出"债资比"的利息费用，如果企业能够提供相关资料并证明相关交易活动符合独立交易原则，或该企业的实际税负不高于其境内关联方的，超过的部分仍然允许扣除。

（九）其他扣除项目

（1）环境保护专项资金：按规定提取的，予以扣除；提取后改变用途的，不得扣除。

（2）租赁费的扣除：

情形	租金支出的处理
经营租赁方式租入	按照租赁费直接扣除
融资租赁方式租入	租赁费构成固定资产价值，提取折旧，但不能直接扣租金

（3）劳动保护费允许扣除。

（4）总机构分摊的费用：能够提供证明且合理分摊的，准予扣除。

（5）资产损失允许扣除（见"资产税务处理"部分）。

（6）手续费及佣金支出的扣除：

企业类型	扣除限额
保险企业	保费收入扣除退保金额后的18%
电信企业	收入总额的5%
其他企业	协议或合同确认的收入金额的5%
现金支付的手续费	除委托个人代理情形外，不得扣除

命题角度：考查税会差异中扣除项目的纳税调整。

上述扣除项目的规定，需要同学们熟练地找出"税会差异"并确定纳税调整的金额。此外需要注意如下要点：

项目	需注意的要点
"三项经费"	（1）以实际发生为前提条件，应按照工资薪金总额计算限额扣除。 （2）需要特别关注工资薪金总额的范围
保险费用	商业保险不得扣除（特殊工种和财产保险费除外）
利息、借款费用	（1）需要注意是否与资产购置、资产建造直接相关，是否需要跟随资产一起资本化。 （2）借款利率不超过金融企业同期同类贷款利率；关联方之间本金不得超过债资比2：1（金融企业除外）的标准（关注例外情形）
业务招待费	确定销售（营业）收入的金额，包括主营业务收入、其他业务收入以及视同销售收入
广告费和业务宣传费	（1）销售（营业）收入的确定（同业务招待费）。 （2）化、医、饮扣除限额比例为30%，烟草行业不得扣除。 （3）超标的可以向以后年度结转扣除
公益性捐赠	（1）公益性捐赠必须通过公益性社会团体、群众团体或者县级以上人民政府及其部门，且取得捐赠支出票据。 （2）一般公益性捐赠支出按照年度利润总额（会计利润）12%扣除，超过标准的允许向后结转3年扣除
手续费和佣金	（1）支付的对象，只有向有合法经营资质的中介服务机构或个人支付的才允许扣除。 （2）支付的方式，给企业的必须以转账方式，给符合条件的个人的，才可以以现金方式支付。 （3）一般企业为中介佣金合同中收入金额的5%，特殊行业有特殊规定
不得扣除的项目	关注赞助支出、滞纳金、罚款、没收或拆除违章建筑、准备金、单独核算（计入营业外支出）的代个人承担的税金等。 提示：因非正常损失而转出的增值税进项税额，应计入"营业外支出"，一般情况下允许在企业所得税税前扣除

4分

第64记

资产的税务处理

飞越必刷题：103、106、107、179

（一）固定资产的税务处理

1.不得扣除折旧的固定资产

下列固定资产不得计算折旧在税前扣除：

（1）房屋、建筑物以外，未投入使用的固定资产。

（2）以经营租赁方式租入的固定资产。

（3）以融资租赁方式租出的固定资产。

（4）已足额提取折旧仍继续使用的固定资产。

（5）与经营活动无关的固定资产等。

2.折旧方法

（1）直线法。

（2）折旧计提时限：

开始：投入使用月份的次月起；停止：停止使用的次月起。

3.折旧的最低年限

固定资产类型	最低折旧年限
房屋、建筑物	20年
飞机、火车、轮船、机器、机械和其他生产设备	10年
与生产经营活动有关的器具、工具、家具	5年
飞机、火车、轮船以外的运输工具	4年
电子设备	3年

通关绿卡

命题角度：考查税会差异中折旧的相关规定。

比较按照会计年限或规定计算的折旧和按照税法年限或规定计算的折旧孰小。固定资产的折旧导致会计和税法的差异，主要可能存在以下几种情形：

（1）计提的固定资产减值准备——纳税调增。

（2）折旧年限的差异。例如：会计折旧年限短于税法折旧年限——先纳税调增，后纳税调减。

（3）折旧方法的差异。例如：会计上采用双倍余额递减法计提折旧，但是该企业不满足税法上允许加速折旧的规定，会导致税会差异——先纳税调增，后纳税调减。

（二）无形资产的税务处理

（1）摊销年限：不低于10年。法律规定或合同约定了使用年限的，按照规定或者约定的年限摊销。

（2）当月增加的无形资产当月开始摊销，当月减少的无形资产当月不再摊销。

（3）下列无形资产不得计算摊销费用扣除：

①自行开发的支出已在计算应纳税所得额时扣除的无形资产。

②自创商誉（外购商誉也不得摊销扣除）。

③与经营活动无关的无形资产等。

（三）长期待摊费用的税务处理

下列支出作为长期待摊费用，按照规定摊销的，准予扣除。

（1）已足额提取折旧的固定资产的改建支出。

（2）租入固定资产的改建支出。

（3）固定资产的大修理支出。

◀ ◀ ◀ **通关绿卡**

命题角度：固定资产各类支出的扣除规定。

固定资产相关支出的所得税处理总结：

支出的类型	扣除规定
修理支出	发生当期直接扣
大修理支出	作为长期待摊费用，摊销扣
改良、改建支出	增加固定资产价值或延长折旧年限： （1）推倒重置：旧净值并入新的计税成本。 （2）单纯改建：改扩建支出并入旧计税成本 已提足折旧的改建支出或租入固定资产的改建支出，作为长期待摊费用

（四）投资企业撤回或减少投资的税务处理

撤回或减资金额中的组成部分	企业所得税上如何确认	税务处理
相当于初始投资的部分	投资本金收回	不征税
相当于被投资企业累计未分配利润和累计盈余公积按减少实收资本比例计算的部分	股息、红利所得	符合条件可免税
其余部分	财产转让所得	征税

提示：

在股权转让情形下，计算股权转让所得时，被投资企业累计未分配利润和累计盈余公积（按转让比例计算的部分）不得扣除。

股权转让所得=股权转让收入－成本（买价或初始投资成本）

（五）资产损失的税前扣除

（1）资产损失，应当在其实际发生且会计上已做损失处理的年度申报扣除。

（2）申报扣除资产损失，仅需在年度汇算清缴时填列申报表，相关资料由企业留存备查。

提示：因非正常损失发生转出的进项税额，也允许作为损失在企业所得税税前扣除。

（3）坏账损失、股权投资损失允许作为资产损失税前扣除的条件如下：

类型	需要符合的条件（满足其中之一即可）
坏账损失（除贷款职权之外的应收、预付账款）	（1）债务人依法宣告破产、关闭、解散、被撤销，或者被依法注销、吊销营业执照，其清算财产不足清偿的。 （2）债务人死亡，或者依法被宣告失踪、死亡，其财产或者遗产不足清偿的。 （3）债务人逾期3年以上未清偿，且有确凿证据证明已无力清偿债务的。 （4）与债务人达成债务重组协议或法院批准破产重整计划后，无法追偿的。 （5）因自然灾害、战争等不可抗力导致无法收回的。 （6）其他条件
股权投资损失	（1）被投资方依法宣告破产、关闭、解散、被撤销，或者被依法注销、吊销营业执照的。 （2）被投资方财务状况严重恶化，累计发生巨额亏损，已连续停止经营3年以上，且无重新恢复经营改组计划的。 （3）对被投资方不具有控制权，投资期限届满或者投资期限已超过10年，且被投资单位因连续3年经营亏损导致资不抵债的。 （4）被投资方财务状况严重恶化，累计发生巨额亏损，已完成清算或清算期超过3年以上的。 （5）其他条件

（六）文物、艺术品资产

企业购买的文物、艺术品用于收藏、展示、保值增值的，持有期间，计提的折旧、摊销费用，不得税前扣除（实际处置时再进行扣除）。

不得扣除的项目和亏损弥补

第65记 4分

飞越必刷题：116、178、180、181

（一）不得扣除的项目

（1）向投资者支付的股息、红利等权益性投资收益款项。

（2）企业所得税税款。

（3）税收滞纳金。

（4）罚金、罚款和被没收财物的损失。

（5）超过规定标准的捐赠支出。

（6）赞助支出。

（7）未经核定的准备金支出。

（8）企业之间支付的管理费、企业内营业机构之间支付的租金和特许权使用费，以及非银行企业内营业机构之间支付的利息。

（9）与取得收入无关的其他支出。

（二）亏损弥补

（1）亏损可逐年延续弥补，但结转年限最长不得超过5年。

（2）当年具备高新技术企业或科技型中小企业资格的企业，其具备资格年度之前5个年度发生的尚未弥补完的亏损，准予结转以后年度弥补，最长结转期限由5年延长至10年。

通关绿卡

命题角度：采用间接计算方法下应纳税额的计算。

在采用间接计算法计算企业应纳税额的时候，一般都是以按照会计准则得出的会计利润为基础，然后按照以下步骤计算：

（1）会计收入与税法规定收入的差异。

例如：投资收益、不征税收入、免税收入、视同销售收入等。

（2）超过标准的各项扣除类项目。

例如：工资薪金相关的"三项经费"、业务招待费、广告费和业务宣传费、公益性捐赠（按会计利润计算扣除限额）、利息支出。

在计算扣除类项目的调整时也要注意是否从以前年度结转到本年的，包括职工教育经费、广告费和业务宣传费、公益性捐赠。

（3）资产（固定资产、生物资产、无形资产等）计税基础、折旧摊销政策的差异。

（4）按照税法规定不得扣除的项目。

例如：罚款、罚金、税收滞纳金、未取得合法凭证的费用等支出。

（5）税收优惠项目。

例如：加计扣除、减计收入、非货币性资产对外投资递延纳税，以及可以抵免应纳税所得额的项目。

（6）税务亏损。

对上述项目进行了纳税调整之后，计算出应纳税所得额，还要考虑是否有可以利用的以前年度的税务亏损。

（7）税率优惠。

在计算应纳税额之前，要看一下该企业是否适用税率优惠政策，例如：高新技术企业、技术先进型服务企业、小型微利企业、西部大开发等。

最后按照适用税率计算出应纳税额。

6分 **税收优惠**

第66记

飞越必刷题：108、109、110、120、178、179、180、181

（一）特定项目的减免税优惠

1.农、林、牧、渔项目

分为免征和减征两类。其中减半征收的项目有：

花卉、茶、饮料作物和香料作物的种植，海水养殖，内陆养殖。

2.符合条件的技术转让

（1）一个纳税年度内，居民企业技术转让所得不超过500万元的部分，免征企业所得税；超过500万元的部分，减半征收。

（2）技术转让包括转让5年（含）以上的非独占许可使用权。

（3）计算方式：

技术转让所得=技术转让收入−技术转让成本−相关税费

或：

技术转让所得=技术转让收入−无形资产摊销费用−相关税费−应分摊期间费用（5年（含）以上的非独占许可权）

提示：技术转让减免税优惠与高新技术企业15%优惠税率不得同时享受。

3.定期减免

（1）从取得第一笔生产经营收入起，享受"三免三减半"优惠：

①国家重点扶持的公共基础设施项目。

②符合条件的环境保护、节能节水项目。

③节能服务公司实施合同能源管理项目。

④电网新建项目。

⑤农村饮水工程运营单位从事的饮水工程新建项目。

提示：定期"X免X减半"类税收优惠与高新技术企业15%优惠税率不得同时享受。

（2）软件和集成电路产业：

项目或企业类型	具体优惠政策
集成电路生产企业或项目 （根据产品线宽）	"两免三减半""五免五减半""十年免税"
集成电路设计、装备、材料、 封装、测试企业和软件企业	自获利年度起"两免三减半"
重点集成电路设计企业和软件企业	自获利年度起，五年免税接续年度减按10%优惠税率

4.铁路债券利息收入减半征收

企业持有2024~2027年发行的铁路债券利息收入，减半征收。

5.创新企业CDR免税

企业（包括合格的境外机构投资者QFII）转让创新企业CDR取得的差价所得和持有创新企业CDR取得的股息红利所得，免税。

（二）特殊类型企业的税收优惠

1.税率优惠

类型	优惠税率
高新技术企业（高新技术企业资质有效期一般为3年）	15%
技术先进型服务企业	15%
小型微利企业	20%
污染防治的第三方企业	15%
非居民企业（适用于在我国境内没有机构、场所的，或者虽有机构场所但所得与机构场所无关的非居民企业）	10%（源泉扣缴）

2.小型微利企业的优惠

提示：如果既符合高新技术企业标准，也符合小型微利企业标准，只能选择其一享受。

（1）小型微利企业需符合的条件：

年度应纳税所得额不超过300万元，从业人数不超过300人，资产总额不超过5 000万元。

提示：从业人数，包括与企业建立劳动关系的职工人数和企业接受的劳务派遣用工人数；从业人数及资产总额两个指标应当按照企业全年的季度平均额确定。

（2）应纳税所得额减按25%征税（自2023年1月1日起）。

（3）税率为20%。

3.其他特殊类型企业

（1）符合条件的生产和装配伤残人员专门用品的企业，免税。

（2）经营性文化事业单位转制为企业，自转制注册之日起5年内免税。

（3）保险保障基金有限公司取得的保险保障基金收入、受偿追偿所得、风险处置财产转让所得、接受捐赠收入、存款利息收入、政府债券和金融机构债券利息收入免税。

（三）加计扣除或减计收入

1.研究开发费用加计扣除

（1）加计扣除的比例。

企业类型	未形成无形资产计入当期损益的	形成无形资产的
一般企业	按照研发费用的100%加计扣除	按照无形资产成本200%摊销扣除
集成电路企业和工业母机企业	按照研发费用的120%加计扣除	按照无形资产成本220%摊销扣除

提示：

烟草制造业、住宿和餐饮业、批发和零售业、房地产业、租赁和商务服务业、娱乐业不得享受加计扣除。

（2）可以加计扣除的研究开发费用主要包括：

①从事研发活动的人员人工费用。

②研发活动直接投入的费用。

③用于研发活动的折旧费用。

④用于研发活动的无形资产摊销费用。

⑤新产品设计费、新工艺规程制定费、新药研制的临床试验费、勘探开发技术的现场试验费。

⑥其他相关费用，总额不得超过可加计扣除研发费用总额的10%。

其他相关费用的限额=上述①至⑤项允许加计扣除的研发费用之和÷（1−10%）×10%

⑦委托外部研发费用：

类型	扣除标准
委托外部机构或个人（境内）	按照实际发生费用的80%计算加计扣除
委托境外机构	按照费用实际发生额的80%， 且不超过境内符合条件的研发费用2/3，计算加计扣除

（3）下列活动不适用于研发费用加计扣除：

①产品（服务）的常规性升级。

②对某项科研成果的直接应用。

③企业在商品化后为顾客提供的技术支持活动。

④对现存产品、服务、技术、材料或工艺流程进行的重复或简单改变。

⑤市场调查研究、效率调查或管理研究。

⑥作为工业（服务）流程环节或常规的质量控制、测试分析、维修维护。

⑦社会科学、艺术或人文学方面的研究。

（4）预缴时享受加计扣除：

企业7月份预缴申报第2季度（按季预缴）或6月份（按月预缴）企业所得税时，可以自主选择就当年上半年研发费用享受加计扣除优惠政策。

10月份预缴第3季度或9月份企业所得税时同理。

2.基础研究支出加计扣除

企业出资给非营利性科研机构、高等学校和政府性自然科学基金用于基础研究的支出，可按100%加计扣除。

提示：

（1）"非营利性科研机构、高等学校"包括国家设立的科研机构和高等学校、民办非营利性科研机构和高等学校。

（2）此规定中所述基础研究不包括在境外开展的研究，也不包括社会科学、艺术或人文学方面的研究。

3.安置残疾人员所支付的工资

在据实扣除的基础上，加计100%扣除。

4.综合利用资源减计收入

综合利用资源生产符合国家产业政策规定的产品所取得的收入，减按90%计入收入总额。

5.支持农村金融发展

（1）金融机构农户小额贷款利息收入，减按90%计入收入总额。

（2）保险公司为种植业、养殖业提供保险业务取得的保费收入，减按90%计入收入总额。

（四）固定资产加速折旧和一次性扣除

1.一次性扣除政策

企业新购进的设备、器具（指除房产、建筑物以外的固定资产）一次性扣除政策如下：

固定资产价值	扣除方式
单位价值不超过500万元的	允许一次性扣除
单位价值在500万元以上的	正常扣折旧，或按规定适用加速折旧

提示：单位价值不超过500万元的，允许在投入使用的次月（所属的纳税年度）一次性税前扣除。

通关绿卡

命题角度：企业享受固定资产一次性扣除政策时的纳税调整。

企业如果享受了固定资产一次性扣除政策，会产生税会差异而导致纳税调整。计算步骤如下：

（1）会计上按照固定资产核算，需要确认会计上计算扣除的折旧金额（题目中一般会给出，或需要进行简单的计算）。

（2）税法上允许一次性扣除，固定资产的价值与会计上计算扣除的折旧金额之间的差异，即为税会差异，应进行纳税调减。

2.加速折旧政策

（1）全部制造业企业、信息传输、软件和信息技术服务业新购进的固定资产，可以采取加速折旧政策。

（2）适用加速折旧政策的企业，可以采取缩短折旧年限（不得低于税法规定最低年限的60%）或加速折旧方法（双倍余额递减法或年数总和法）。

（五）税额抵免优惠

（1）购置并实际使用符合规定的环境保护、节能节水、安全生产专用设备的投资额的10%可以从当年的应纳税额中抵免；当年不足抵免的，可以在以后5个纳税年度结转抵免。

（2）专用设备必须实际购置并实际投入自身使用。

（3）5年内转让、出租的，应停止享受企业所得税优惠，并补缴已经抵免的税款。

（六）其他税收优惠项目

1.证券投资基金

（1）对证券投资基金从证券市场中取得的收入，暂不征税。

（2）对投资者从基金分配中取得的收入，暂不征税。

（3）对基金管理人运用基金买卖股票、债券的差价收入，暂不征税。

（4）公募证券投资基金转让创新企业CDR取得的差价所得和持有取得的股息红利所得，暂不征税。

2.创业投资企业优惠

创业投资企业采取股权投资方式投资于下列两类企业的2年（24个月）以上的，可以按照其投资额的70%在股权持有满2年的当年抵扣该创业投资企业的应纳税所得额；当年不足抵扣的，可以在以后纳税年度结转抵扣。

（1）初创科技型企业。

（2）未上市的中小高新技术企业。

3.海南自由贸易港企业所得税优惠

（1）税率优惠：对在海南自由贸易港实质性运营的鼓励类产业企业，减按15%的税率征税。

（2）境外投资免税：对旅游业、现代服务业、高新技术产业企业新增境外直接投资取得的所得，免税。

（3）固定资产一次性扣除（不含房屋、建筑物）：单位价值不超过500万元的，一次性扣除，超过的，允许加速折旧。

4.西部大开发企业所得税优惠

提示："西部"包括重庆、四川、贵州、云南、西藏、陕西、甘肃、宁夏、青海、新疆、内蒙古、广西，以及湖南湘西、湖北恩施、吉林延边、江西赣州。

（1）设在西部地区国家鼓励类产业企业，适用15%税率。

（2）西部地区新办交通、电力、水利、邮政、广播电视企业，上述项目业务收入占收入总额60%以上的，享受"两免三减半"政策。

第67记 4分

核定征收和源泉扣缴

飞越必刷题：168、178、188

（一）居民企业核定征收

1.核定征收的范围

（1）依照法律、行政法规的规定可以不设置账簿的。

（2）依照法律、行政法规的规定应当设置但未设置账簿的。

（3）擅自销毁账簿或者拒不提供纳税资料的。

（4）虽设置账簿，但账目混乱或者成本资料、收入凭证、费用凭证残缺不全、难以查账的。

（5）发生纳税义务，未按照规定的期限办理纳税申报，经税务机关责令限期申报，逾期仍不申报的。

（6）申报的计税依据明显偏低，又无正当理由的。

2.核定征收的计算

（1）按收入总额核定：

应纳税所得额=应税收入额×应税所得率

（2）按成本费用核定：

应纳税所得额=成本（费用）支出额÷（1-应税所得率）×应税所得率

应纳税额=应纳税所得额×适用税率

（二）非居民企业所得税核定征收

（1）按收入总额核定：

应纳税所得额=收入总额×核定利润率

（2）按成本费用核定：

应纳税所得额=成本费用总额÷（1-核定利润率）×核定利润率

（3）按经费支出核定，与按成本费用核定方法和公式相同。

（三）源泉扣缴

1.扣缴义务人

以支付人为扣缴义务人。

非居民企业在中国境内取得工程和劳务（服务）所得，税务机关可指定工程价款或劳务（服务）费的支付人为扣缴义务人。

2.源泉扣缴税率10%

提示：如果适用税收协定的优惠税率的，按照优惠税率计算。

3.应纳税所得额

提示：如果涉及利息、租金、特许权使用费需要代扣代缴增值税的，应以价税分离后的不含增值税金额作为企业所得税应纳税额的计算基础。

项目	应纳税所得额的计算
股息、红利所得	全额
利息、租金、特许权使用费所得	
财产转让所得	收入减除财产计税成本（计税基础）

4.税款缴纳

扣缴义务人需要在代扣之日起7日内缴入国库。

征收管理和清算所得

第**68**记　2分

飞越必刷题：112、186、189

（一）纳税地点、期限和申报

1.纳税地点

（1）居民企业：登记注册地（或实际管理机构所在地）。

（2）非居民企业：按照"源泉扣缴"方式征收的，以扣缴义务人所在地为纳税地点。

2.纳税期限

按年计征，分月或季预缴，年终汇算清缴，多退少补。

特殊情形：

（1）年度中间开业，或实际经营期不足12个月的，以实际经营期为一个纳税年度。

（2）清算时，应当以清算期间为1个纳税年度。

（3）年度中间终止经营的，应当自实际经营终止之日起60日内，办理汇算清缴。

（二）清算所得

1.企业清算的所得税处理

（1）全部资产均应按可变现价值或交易价格，确认资产转让所得或损失。

（2）确认债权清理、债务清偿的所得或损失。

（3）处理预提或待摊费用。

（4）弥补亏损，确定清算所得。

（5）计算并缴纳清算所得税。

（6）确定可向股东分配的剩余财产、应付股息等。

2.清算所得

企业应将整个清算期作为一个独立的纳税年度计算清算所得。

清算所得=全部资产可变现价值或交易价格–资产的计税基础–清算费用–相关税费+债务清偿损益

应纳税所得额=清算所得–免税收入–不征税收入–亏损弥补

3.被清算企业的股东分得的剩余资产

可向所有者分配的剩余资产=全部资产的可变现价值或交易价格–清算费用–职工的工资、社会保险费用和法定补偿金–结清清算所得税–以前年度欠税等税款–清偿企业债务

其中：

（1）相当于被清算企业累计未分配利润和累计盈余公积中按该股东所占股份比例计算的部分，应确认为股息所得。

（2）剩余资产减除股息所得后的余额，超过或低于股东投资成本的部分，应确认为股东的投资转让所得或损失。

企业重组的所得税处理

第69记 2分

飞越必刷题：111、179

（一）享受特殊性税务处理的条件

（1）具有合理的商业目的，不以减少、免除或者推迟缴纳税款为主要目的。

（2）被收购、合并或分立部分的资产或股权不低于50%。

（3）对价中涉及股权支付金额不低于其交易支付总额的85%。

（4）重组后的连续12个月内不改变重组资产原来的实质性经营活动。

（5）重组中取得股权支付的原主要股东，重组后连续12个月内，不得转让所取得的股权。

（二）一般性税务处理和特殊性税务处理

情形	一般性税务处理	特殊性税务处理
法人形式转变	由法人转变为个人独资企业、合伙企业等非法人组织，或将登记注册地转移出境应视同企业进行清算、分配，全部资产以及计税基础均应以公允价值为基础确定	—
债务重组	（1）以非货币性资产清偿债务，应当确认所得或损失。 （2）发生债权转股权的，应当确认所得或损失	（1）应纳税所得额占该企业当年应纳税所得额50%以上，可以在5个纳税年度内分期计入应纳税所得额。 （2）债转股业务，暂不确认所得或损失，以原债权的计税基础确定
股权收购、资产收购	（1）被收购方应确认所得或损失。 （2）收购方取得股权或资产的计税基础以公允价值为基础确定	（1）被收购企业的股东和收购企业均以被收购股权的原有计税基础确定。 （2）转让企业和受让企业均以被转让资产的原有计税基础确定

续表

情形	一般性税务处理	特殊性税务处理
企业合并	（1）合并企业应按公允价值确定被合并企业各项资产和负债的计税基础。 （2）被合并企业及其股东都应按清算进行所得税处理。 （3）被合并企业的亏损不得在合并企业结转弥补	（1）合并企业以被合并企业的原有计税基础确定。 （2）合并企业弥补亏损的限额=被合并企业净资产公允价值×当年年末国家发行的最长期限的国债利率。 （3）被合并企业股东以其原持有的被合并企业股权的计税基础确定
企业分立	（1）被分立企业按公允价值确认资产转让所得或损失。 （2）分立企业应按公允价值确认接受资产的计税基础。 （3）被分立企业继续存在时，其股东取得的对价应视同被分立企业分配。 （4）被分立企业不再继续存在时，被分立企业及其股东都应按清算进行处理。 （5）企业分立相关企业的亏损不得相互结转弥补	（1）分立企业以被分立企业的原有计税基础确定。 （2）被分立企业的亏损可按分立资产占全部资产的比例进行分配，由分立企业继续弥补

提示：在特殊性税务处理中，如果有非股权对价（现金对价）部分，仍应确认所得或损失，并调整相应资产的计税基础，即对于非股权对价部分，仍应采用一般性税务处理。

◀ ◀ ◀ 通关绿卡

命题角度：考查一般性税务处理和特殊性税务处理的规定。

（1）一般性税务处理遵循"公允价值""确认所得或损失"基本原则。

（2）特殊性税务处理遵循"原有计税基础""不确认所得或损失"基本原则。

第七模块

个人所得税法

- 此模块包括教材"第五章"相关内容。
  - （1）出题方式：客观题和计算问答题。
  - （2）近三年分值：约10分。
  - （3）与其他章节的结合：个人出租房地产会涉及房产税，本章还可能与国际税收章节结合考查非居民个人的个人所得税处理。

行百里者，半九十。目前复习内容已经进入倒数第二模块，要坚持下去，全力以赴，不要让未来的自己后悔。

第70记 4分 **个人所得税纳税义务人和征税范围**

飞越必刷题：121、130、131

（一）纳税义务人

个人所得税的纳税义务人包括个体工商户、个人独资企业、合伙企业的个人投资者。

纳税义务人分为居民和非居民纳税人。判定标准和纳税义务如下：

纳税人分类	判定标准	纳税义务
居民个人	在中国境内有住所的个人	全球所得纳税
	在中国境内无住所，一个纳税年度在中国境内居住累计满183天的个人（不论出入境多少次，按累计居住天数判断）	
非居民个人	在中国境内无住所，一个纳税年度内在境内居住累计不满183天的个人	仅就来源于中国境内的所得纳税
	在中国境内无住所又不居住	

提示：在判断纳税人和纳税义务时，在中国境内停留的当天不足24小时的不计入境内累计居住天数。

（二）征税范围

1.综合所得——按年计征、分月（次）预扣预缴

项目		具体内容
工资、薪金	包括	因任职或者受雇而取得的工资、奖金、年终加薪、劳动分红、津贴、补贴以及与任职或者受雇有关的其他所得。具体还包括： （1）职工从国有企业取得的劳动分红。 （2）出租车驾驶员采用单车承包或承租方式从事客货运营取得的收入。 （3）个人因公务用车和通信制度改革而取得的公务用车、通信补贴收入。 （4）退休人员再任职取得的收入

续表

项目		具体内容
工资、薪金	不包括	(1) 独生子女补贴。 (2) 公务员未纳入工资总额的补贴、津贴和副食品补贴。 (3) 托儿补助费。 (4) 差旅费津贴、误餐补助
劳务报酬	包括	(1) 对商品营销活动中，企业对营销业绩突出的非雇员以培训班、研讨会、工作考察等名义组织旅游活动，通过免收差旅费、旅游费对个人实行的营销业绩奖励（包括实物、有价证券等）。 (2) 独立董事取得的董事费收入（不可同时在公司任职）。 (3) 保险营销员、证券经纪人取得的佣金收入（先减去20%的费用，再减去25%的展业成本及附加税费）
	不包括	担任董事、监事，同时也在公司任职受雇，取得的董事费（属于工资、薪金）
稿酬		因其作品以图书、报刊形式出版、发表而取得的所得。 提示：作者去世后取得其遗作稿酬，仍属于此项目
特许权用费		提供专利权、商标权、著作权、非专利技术以及其他特许权的使用权取得的所得。 提示：作者将自己的文字作品手稿原件或复印件拍卖取得的所得属于此项目

提示：以上四项所得需要按年度合并汇总，减除各种年度扣除项目后按"综合所得"项目征税；同时需要按月或者按次预扣预缴。

2.经营所得——按年计征（与综合所得分别计算）

（1）个体工商户从事生产、经营活动取得的所得；个人独资企业投资人、合伙企业的个人合伙人来源于境内注册的个人独资企业、合伙企业生产、经营的所得。

个体工商户以业主为个人所得税纳税义务人。

（2）个人依法从事办学、医疗、咨询以及其他有偿服务活动取得的所得。

（3）个人对企业、事业单位承包经营、承租经营以及转包、转租取得的所得。

（4）个人因从事彩票代销业务而取得的所得。

（5）个体出租车运营取得的收入。

（6）律师个人出资兴办的独资和合伙性质的律师事务所的年度经营所得。

个体工商户和从事生产、经营的个人，取得与生产经营活动无关的其他各项应税所得（例如利息股息红利所得），应按照其他应税项目的规定，计算个人所得税。

3.利息、股息、红利所得——按次计征

（1）个人投资者从其投资的企业（个人独资企业、合伙企业除外）借款，在该纳税年度终了后既不归还又未用于企业生产经营的，依照"利息、股息、红利所得"项目计征个人所得税。

（2）企业为股东购买车辆并将车辆所有权办到股东个人名下，应按照"利息、股息、红利所得"项目计征个人所得税（允许合理减除部分所得）。

提示：国债利息和上市公司股息红利等有减免税优惠，具体见"税收优惠"部分内容。

◀◀◀ **通关绿卡**

命题角度：企业为个人出资购买住房、汽车适用的个人所得税处理。

以企业资金为个人购买住房、汽车等支出适用的个人所得税项目总结如下：

取得所得的个人的情形	适用计征个人所得税的应税所得项目
个人独资企业、合伙企业的个人投资者（或家庭成员）	经营所得
除个人独资企业、合伙企业以外其他企业的个人投资者（或家庭成员）	利息、股息、红利所得
企业其他人员取得的上述所得	工资、薪金所得

4.财产租赁所得——按次计征（超过1个月的以1个月内取得的收入为一次）

提示：财产转租收入，也按照"财产租赁所得"缴税。

5.财产转让所得——按次计征

提示：个人转让境内上市公司股票所得暂不征收个人所得税。

6.偶然所得——按次计征

（1）企业收购中出售方自然人股东取得的"不竞争款项"，按照"偶然所得"征税。

（2）个人为单位或他人提供担保获得的收入，按照"偶然所得"征税。

（3）房屋无偿赠与的，受赠人无偿受赠房屋取得的受赠收入，按照"偶然所得"征税。但下列情形除外：

①无偿赠与配偶、父母、子女、祖父母、外祖父母、孙子女、外孙子女、兄弟姐妹。

②无偿赠与抚养人或者赡养人。

③依法取得的法定继承人、遗嘱继承人或者受遗赠人。

（4）企业在业务宣传、广告等活动中，随机向本单位以外的个人赠送礼品（包括网络红包，下同），以及年会、座谈会、庆典向本单位以外的个人赠送礼品，个人取得的礼品收入，按照"偶然所得"征税。

提示：获得具有价格折扣或折让性质的消费券、代金券、抵用券、优惠券不征税。

各征税项目的计征方式和所得来源地

飞越必刷题：122、185

（一）各所得项目的计征方式

纳税义务人	项目	具体项目	计征方式
居民个人	综合所得	工资、薪金所得	按年计征，按月预扣预缴
		劳务报酬所得	按年计征，按次预扣预缴
		稿酬所得	
		特许权使用费所得	
	分类所得	经营所得	按年计征，按月（季）预缴（与综合所得分开计算）
		利息、股息、红利所得	按次计征 （以支付利息、股息、红利时取得的收入为一次）
		财产租赁所得	按次计征 （以1个月内取得的收入为一次）
		财产转让所得	按次计征
		偶然所得	按次计征
非居民个人		工资、薪金所得	按月计征
		劳务报酬所得	按次计征
		稿酬所得	
		特许权使用费所得	

（二）所得来源地的确定

来源于中国境内的所得的判定：

（1）任职履约受雇等劳务行为：看提供劳务地点是否在中国境内。

（2）转让其他财产：看转让发生地是否在中国境内。

（3）财产租赁、特许权许可等各类财产的租赁和使用：看财产、特许权使用地是否在中国境内。

（4）不动产转让：看不动产坐落地是否在中国境内。

（5）利息股息红利所得：看支付方（负担方）是否在中国境内。

第72记 4分 **综合所得年度应纳税额的计算**

飞越必刷题：123、132、182、184

（一）税率和计算公式

税率为七级超额累进税率。

应纳税额=（每年收入额-60 000元-专项扣除-专项附加扣除-依法确定的其他扣除）×适用税率-速算扣除数

（二）综合所得收入额的确定

综合所得项目	应税收入额的计算规则
工资、薪金所得	全额计入
劳务报酬所得	实际取得的收入×（1-20%）
特许权使用费所得	
稿酬所得	实际取得的收入×（1-20%）×70%

（三）综合所得扣除项目的确定

1.专项扣除

个人按照国家规定缴纳的基本养老保险、基本医疗保险、失业保险和住房公积金。

2.专项附加扣除

具体项目和规定如下（自2023年1月1日起的扣除标准）：

扣除项目	扣除限额	具体内容	扣除方
3岁以下婴幼儿照护	每个婴幼儿2 000元/月	出生当月至年满3岁前一个月	父母可以选择： （1）其中一方100%。 （2）双方分别扣50%
子女教育	每个子女2 000元/月	年满3岁当月至小学入学前和接受全日制学历教育入学当月至结束	
继续教育	（1）学历继续教育：400元/月。 （2）职业资格、专业技术资格继续教育：3 600元/年	中国境内的学历（学位）继续教育，在教育期间定额扣除，同一学历（学位）不能超过48个月；职业资格、专业技术资格继续教育，在取证当年一次性定额扣除	（1）纳税人本人扣。 （2）本科以下学历继续教育，可以选择由父母扣除，也可以选择由本人扣除

续表

扣除项目	扣除限额	具体内容	扣除方
住房贷款利息	1 000元/月	本人或配偶单独或共同购买境内首套住房贷款利息支出，在实际发生期间内扣除，最长不超过240个月	夫妻双方可选择其中一方扣除
住房租金	直辖市、省会、计划单列市1 500元/月。其他人口超100万的城市1 100元/月。人口不超过100万的城市800元/月	在主要工作城市没有住房而发生的住房租金支出，允许扣除。住房贷款利息支出扣除和住房租金扣除只能二选一	（1）由住房租赁合同的承租人扣除。（2）夫妻双方主要工作城市相同的，只能由一方扣除
赡养老人	独生子女：3 000元/月。非独生子女要分摊，每人最高不超过1 500元/月	赡养一位及以上年满60岁的父母，以及子女均去世的年满60岁的祖父母、外祖父母，统一按定额扣除	非独生子女可约定分摊扣除，也可以由被赡养人指定分摊，指定分摊优于约定分摊
大病医疗	一年内超过15 000元的部分，在80 000元限额内扣除	发生的基本医保相关的医药费用，扣除医保报销后个人负担的部分允许扣除	（1）可以选择本人或者配偶扣除。（2）未成年子女的医药费用可由其父母一方扣除

3.依法确定的扣除

（1）个人缴付符合规定的企业年金、职业年金（扣除限额为不超过本人缴费工资基数4%的部分）。

（2）个人购买符合规定的税收优惠型商业健康保险（扣除限额为200元/月，自购买产品的次月起扣除）。

（3）个人向个人养老金资金账户的缴费支出（扣除限额为12 000元/年，在实际缴费年度扣除）。

提示：个人养老金账户资金在投资环节取得投资收益，暂不征税；在领取环节，不并入综合所得，单独按3%税率征税。

◀ ◀ ◀   **通关绿卡**

命题角度：专项附加扣除限额的计算。

专项附加扣除几乎是必考内容。有以下要点需要注意：

（1）学前教育包括年满3岁至小学入学前教育；学历教育包括9年制义务教育、高中教育（普通高中、中职、技工）、高等教育（大专、大本、硕士、博士）。

（2）学历继续教育同一学历的扣除期限以4年为上限，但职业资格继续教育只允许在取得证书的当年一次性扣除。

（3）住房贷款利息和住房租金的扣除只能二选其一。扣除住房租金的前提是纳税人（及其配偶）必须"在主要工作城市没有自有住房"。

（4）赡养老人专项附加扣除金额为3 000元每月定额扣除，与赡养的老人个数无关，在独生子女的情况下，一位老人和两位老人均为每月3 000元定额扣除标准。

第73记 4分 综合所得的预扣预缴

飞越必刷题：182、183、184、185

（一）工资薪金的预扣预缴方法——累计预扣法

项目	具体内容	
计算公式	本期应预扣预缴税额=（累计预扣预缴应纳税所得额×预扣率–速算扣除数）–累计减免税额–累计已预扣预缴税额 其中：累计预扣预缴应纳税所得额=累计收入–累计减除费用–累计专项扣除–累计专项附加扣除–累计依法确定的其他扣除 提示：找税率和速算扣除数时仍然用综合所得年度税率表	
其中："累计减除费用"	一般规定	5 000元/月×截至本月在本单位实际工作的累计月份数
	一个年度内首次取得工资薪金的个人	5 000元/月×截至本月累计月份数
	上年1~12月均在同一单位取酬且全年收入（不扣任何费用）不超过6万元的个人	从1月份开始直接减除6万元
其中："累计专项附加扣除"	该员工在本单位工作截至当前月份符合条件的专项附加扣除金额	

（二）劳务报酬所得、稿酬所得、特许权使用费所得的预扣预缴税额

劳务报酬所得预扣预缴税额=预扣预缴应纳税所得额×预扣率–速算扣除数（预扣率采用三级超额累进税率）

稿酬所得、特许权使用费所得预扣预缴税额=预扣预缴应纳税所得额×20%

所得项目	费用减除	预扣缴税率			
		级数	预扣缴应纳税所得额	预扣率（%）	速算扣除数（元）
劳务报酬所得	（1）每次收入不超过4 000元的，减除费用按800元计算。（2）每次收入4 000元以上的，减除费用按收入的20%计算。	1	不超过20 000元的	20	0
		2	超过20 000元至50 000元的部分	30	2 000
		3	超过50 000元的部分	40	7 000
特许权使用费所得		20%			
稿酬所得	（3）稿酬所得的收入额再减按70%计征				

个人所得税的计算——经营所得

第**74**记 **4**分

飞越必刷题：124、184

（一）税率和计算公式

经营所得采用五级超额累计税率。

应纳税额=（全年收入总额-成本、费用、税金、损失及其他支出-允许弥补的以前年度亏损）×适用税率-速算扣除数

（二）扣除项目

（1）取得经营所得的个人，如果没有综合所得的，允许减除费用60 000元、专项扣除、专项附加扣除以及依法确定的其他扣除。

提示：同时取得综合所得和经营所得的纳税人，可在综合所得或经营所得中申报减除上述项目，但不得重复申报减除。

（2）下列支出不得扣除：个人所得税税款；税收滞纳金、罚金、罚款和被没收财物的损失；不符合扣除规定的捐赠支出、赞助支出；用于个人和家庭的支出；与取得生产经营收入无关的其他支出；个体工商户代其从业人员或者他人负担的税款及其他按规定不得扣除的支出。

（3）个体工商户生产经营与个人、家庭生活混用难以分清的费用，其40%视为与生产经营有关费用，准予扣除（另外60%不得扣除）。

提示：个人独资企业、合伙企业的投资者与个人和家庭混用的费用完全不得在税前扣除。

◀ ◀ ◀ **通关绿卡**

命题角度：个体工商户经营所得个人所得税与企业所得税中关于扣除项目的辨析。

经营所得，允许扣除的成本、费用、税金、损失及其他支出与企业所得税的扣除原则类似，仍然会存在税收和会计的差异，在用"间接法"计算应纳税所得额时，仍然需要进行纳税调整。除个体工商户业主的费用减除标准和部分扣除项目的规定之外，其他规定与企业所得税的扣除项目规定基本一致。

（4）各扣除项目及标准（以个体工商户为例）：

扣除项目	从业人员	业主本人
工资、薪金	准予扣除	不得扣除
补充养老、补充医疗	工资总额5%限额扣除	以当地上年社平工资的3倍为计算基数，比例同左
工会经费、职工福利费、职工教育经费	工资总额的2%、14%、2.5%限额扣除	以当地上年社平工资的3倍为计算基数，比例同左
社保、商业保险费、业务招待费、广告费和业务宣传费、借款费用和利息支出	同企业所得税中一般规定	
公益性捐赠	（1）通过公益性社会团体、群众团体或县级以上人民政府及其部门，用于规定的公益事业的捐赠，捐赠额按照应纳税所得额的30%比例限额扣除（有据实扣除政策的从其规定）。 （2）直接对受益人的捐赠不得扣除	

（三）个体工商户经营所得优惠政策

自2023年1月1日起，个体工商户经营所得年应纳税所得额不超过200万元的部分，在现行优惠政策基础上，再减半征收个人所得税。

个体工商户不论征收方式（查账征收或核定征收），均可享受。

（四）个人独资企业和合伙企业的应纳税所得额的规定

（1）个人独资企业的投资者以全部生产经营所得为应纳税所得额。

（2）合伙企业的个人投资者以合伙企业的"全部生产经营所得（包括已经分配的和当年留存的）"按照合伙协议约定的比例分配，确定应纳税所得额。

（3）投资者兴办两个或以上企业的，亏损不得跨企业相互弥补。

（4）个人独资企业、合伙企业的自然人合伙人，不论采用查账征收，还是核定征收，对外投资分回的利息或者股息、红利，均不并入企业的经营所得，单独按"利息、股息、红利所得"应税项目计算缴纳个人所得税。

（五）经营所得的核定征收

有下列情形之一的，应核定征收个人所得税：

（1）依照国家有关规定应当设置但未设置账簿的。

（2）虽设置账簿，但账目混乱或者成本资料、收入凭证、费用凭证残缺不全，难以查账的。

（3）纳税人发生纳税义务，未按照规定的期限办理纳税申报，经税务机关责令限期申报，逾期仍不申报的。

提示：持有股权、股票、合伙企业财产份额等权益性投资的个人独资企业、合伙企业，一律适用查账征收方式计征个人所得税，不得采用核定征收。

第75记 [2分]
个人所得税的计算——财产租赁所得

飞越必刷题：185

◀ ◀ ◀ 通关绿卡

命题角度：考查个人所得税适用比例税率20%的项目。

（1）财产租赁所得（其中，个人按市场价出租住房税率减按10%）。

（2）财产转让所得。

（3）利息、股息、红利所得。

（4）偶然所得。

（一）税率

比例税率20%。

（二）计算公式

（1）每次（月）收入不超过4 000元的：

应纳税所得额=每次（月）收入额-准予扣除项目-修缮费用（800元为限）-800元

（2）每次（月）收入超过4 000元的：

应纳税所得额=［每次（月）收入额-准予扣除项目-修缮费用（800元为限）］×（1-20%）

（三）准予扣除的项目

（1）出租财产过程中缴纳的税金、基金、附加费可以扣除（需凭证）。

（2）实际开支的修缮费用（需凭证）准予扣除；一次扣除不完的，在下一次继续扣除，直到扣完为止。

（3）费用减除标准：每次（月）收入不超过4 000元的，为800元；每次（月）收入超过4 000元的，减除20%。

（4）个人将承租房屋转租，向房屋出租方（原房东）支付的租金允许扣除。

命题角度：考查个人出租房产的税务处理。

类型	增值税	房产税	个人所得税	印花税
个人出租住房	5%减按1.5%	4%（包括单位向个人出租用于居住的住房）	10%	免税
个人出租房产（非住房）	5%	12%	20%	1‰

2分

第76记

个人所得税的计算——财产转让所得

飞越必刷题：133、185

（一）税率和计算公式

（1）比例税率20%。

（2）计算公式：

一般情况下的计算公式为：

应纳税额=应纳税所得额×适用税率

=（收入总额−财产原值−合理费用）×20%

（二）个人住房转让所得

扣除项目包括：房屋原值、转让住房过程中缴纳的税金及合理费用。

（1）财产原值凭原购房合同、发票等有效凭证经审核后扣除。

（2）税金包括转让住房时缴纳的城建税、教育费附加、土地增值税和印花税。

（3）合理费用包括：①实际支付的住房装修费用（公有住房、经济适用房以房屋原值的15%为扣除上限、商品房及其他住房以房屋原值的10%为扣除上限，凭发票进行扣除）。②住房贷款利息（凭银行的有效证明）。③手续费、公证费等费用（凭有关部门出具的有效证明）。

（三）个人转让股权所得

（1）个人股权转让所得个人所得税以受让方为扣缴义务人。

提示：股权受让方应于股权转让协议签订后5个工作日内，将股权转让的有关情况报告主管税务机关。

（2）股权转让收入，包括各类违约金、补偿金以及以其他名目收回的款项等，以及按照合同约定，在满足合同中约定条件后取得的后续收入。

（3）符合下列情形的，税务机关可以核定股权转让收入：

①转让收入"明显偏低"且"无正当理由"的。

提示："明显偏低"的情形包括：股权转让收入低于净资产份额、低于初始投资成本或取得该股权所支付的价款及相关税费、低于相同或类似条件下同一企业同一股东或其他股东股权转让收入、低于相同或类似条件下同类行业的企业股权转让收入的、不具合理性的无偿让渡股权或股份。

②未按照规定期限办理纳税申报，经税务机关责令限期申报，逾期仍不申报的，或转让方无法提供或拒不提供股权转让收入的有关资料。

（四）个人转让量化资产股份所得

（1）职工以股份形式取得量化资产仅作为分红依据的，不征税；参与分配获得的股息、红利照常征税。

（2）以股份形式取得所有权的企业量化资产，取得时暂缓征收个人所得税；待股份转让时按"财产转让所得"征税。

（五）个人取得拍卖收入征收个人所得税规定

个人拍卖其他财产，按照"财产转让所得"计税。

对可扣除的财产原值具体规定：

（1）商店、画廊等途径购买的，为购买时实际支付的价款。

（2）拍卖行拍得的，为拍得实际支付的价款及缴纳的相关税费。

（3）祖传收藏的，为收藏而发生的费用。

（4）获赠取得的，为受赠发生的相关税费。

（5）其他形式取得的，参照以上原则确定。

（6）无法提供原值凭证或不能正确计算原值的，按转让收入的3%征收率（经认定属于海外回流文物的，按2%征收率）计算个人所得税应纳税额。

（六）个人以非货币性资产投资的个人所得税规定

（1）以非货币性资产投资，应按照"财产转让所得"项目征税。

（2）非货币性资产转让、取得被投资企业股权时，确认收入的实现。

（3）一次性缴税有困难的，可合理确定分期缴纳计划并报主管税务机关备案后，自发生上述应税行为之日起不超过5个公历年度内（含5年）分期缴纳个人所得税。

第77记 **2分**

个人所得税的计算——利息、股息、红利和偶然所得

飞越必刷题：182、183

（一）税率

比例税率20%。

（二）计算公式

应纳税额=应纳税所得额×适用税率=每次收入额×20%

提示：应纳税所得额为取得的收入总额，无允许减除的费用。

（三）房屋赠与个人所得税规定

房屋无偿赠与，按照"偶然所得"项目征税。应纳税所得额为房地产赠与合同上标明的赠与房屋价值减除赠与过程中受赠人支付的相关税费后的余额。

通关绿卡

命题角度：考查个人所得税适用比例税率20%的四个所得中可扣除的项目。

所得类型	可扣除项目
财产租赁所得	（1）税费。 （2）转租情况下的转租租金。 （3）修缮费用。 （4）减除规定费用（20%或800元）
财产转让所得	财产原值、合理费用
利息、股息、红利所得	无扣除项目、全额计税（公益性捐赠除外）
偶然所得	

第78记 【2分】

公益慈善事业捐赠的扣除

飞越必刷题：129、182

（一）公益性捐赠扣除的范围和基本规定

项目	具体规定
对于捐赠的要求	通过境内公益性社会组织、群众团体、县级以上人民政府及其部门等国家机关，向公益慈善事业进行的捐赠（以下简称"公益捐赠"）
扣除标准	应纳税所得额的30%
金额的确定	（1）捐赠货币性资产的，按照实际捐赠金额确定。 （2）捐赠股权、房产的，按照财产原值确定。 （3）捐赠除股权、房产以外的其他非货币性资产的，按照市场价格确定

（二）限额扣除的公益性捐赠

公益性捐赠的金额可在综合所得、经营所得、分类所得中扣除，一个项目扣不完，可以在其他项目中继续扣。

维度	具体规定
在综合所得中扣除	（1）按全年应纳税所得额的30%扣除。 （2）取得工资薪金所得的，可以选择在预扣预缴时扣除（按累计预扣法计算），也可以选择在汇算清缴时扣除。 （3）劳务报酬所得、稿酬所得、特许权使用费所得，在预扣预缴时不扣除
在经营所得中扣除	（1）可以选择在预缴税款时扣除，也可以选择在汇算清缴时扣除。 （2）经营所得采取核定征收方式的，不得扣除
分类所得中的扣除	在当月分类所得中扣除

（三）全额扣除的公益性捐赠

1.对特定事项的捐赠

提示：此类公益性捐赠一般也需要通过非营利机构和国家机关。

（1）对红十字事业的捐赠。

（2）对农村义务教育（含各类教育事业）的捐赠。

（3）对老年服务机构的捐赠。

（4）对公益性青少年活动场所的捐赠。

（5）对非关联的科研机构和高等学校用于研发的捐赠。

（6）对其他特定事项的捐赠。

2.对特定公益组织的捐赠

对个人向中华健康快车基金会、宋庆龄基金会等单位的公益性捐赠，准予全额扣除。

税收优惠

飞越必刷题：134、135、183、185

1.免税项目

分类	具体免税项目
津贴补助、社保退休	（1）军人的转业费、复员费。 （2）按照国家规定发的补贴、津贴、福利费、抚恤金、救济金。 （3）按照国家规定发的安家费、退职费、退休工资、离休工资、离休生活补助费。 （4）按规定取得的工伤保险待遇。 （5）享受国家特殊津贴的高级专家、学者达到离退休年龄但需延长离退休的，在延长离退休期间的工资、薪金所得。

分类	具体免税项目
津贴补助、社保退休	（6）按照规定的比例缴付的"三险一金"免税（超过规定比例缴付的部分征税）；个人领取原缴存的部分，免税。 （7）法律援助人员按规定获得的法律援助补贴
金融保险手续费	（8）保险赔款。 （9）国债和国家发行的金融债券利息。 （10）储蓄存款利息。 （11）个人办理代扣代缴取得的扣缴手续费
农业	（12）从事种植业、养殖业、饲养业和捕捞业（"农业"）取得的所得。 （13）青苗补偿费
省、部、军、政奖金	（14）省级人民政府、国务院部委和军队军以上单位，以及外国组织颁发的科、教、技、文、卫、体、环等方面的奖金（奖学金）。 （15）见义勇为者奖金或奖品（经税务机关核准）。 （16）个人举报、协查各种违法、犯罪行为而获得的奖金
住房	（17）个人转让满5年唯一家庭住房。 （18）被拆迁人按照国家规定标准取得的拆迁补偿款。 （19）廉租房住房货币补贴、城镇住房保障家庭领取的住房租赁补贴。 （20）个人换购住房的退税政策（2022年10月1日至2025年12月31日）： ①条件：出售自有现住房并在出售后1年内在同一城市内重新购买住房。 ②对其出售现住房已缴纳的个人所得税退税。其中： a.新购住房金额大于或等于现住房转让金额的，全部退还。 b.新购住房金额小于现住房转让金额的，按新购住房金额占现住房转让金额的比例退还。 公式为： 退税金额=（新购住房金额÷现住房转让金额）×现住房转让时缴纳的个人所得税
股票投资	（21）个人转让上市公司股票取得的所得。 （22）个人从上市公司股票取得的股息红利的差别化征免政策： ①持股期限超过1年的，免税。 ②持股期限在1个月以内（含1个月）的，全额计税。 ③持股期限在1个月以上至1年（含1年）的，减半计税
中奖	（23）有奖发票单张奖金不超过800元的，免税；超过800元的，全额征税。 （24）福利彩票、体育彩票一次中奖收入不超过10 000元的，免税；超过10 000元的，全额征税

续表

分类	具体免税项目
外籍外交	（25）国际公约及协议、外交代表、领事官员、符合条件的外籍专家的工资薪金和津贴。 （26）外籍个人从外商投资企业取得的股息、红利所得

2.减半计征项目

（1）个人持有2024年–2027年发行的铁路债券取得的利息收入。

（2）一个年度内在船航行时间累计满183天的远洋船员的工资薪金。

3.创投企业个人合伙人和天使投资个人的优惠

（1）合伙制创业投资企业投资于初创科技型企业满2年的，合伙制创投企业的个人合伙人可以按投资额的70%抵扣个人合伙人分得的经营所得；当年不足抵扣的，可以结转以后年度扣除。

（2）天使投资个人投资于初创科技型企业满2年的，可以按投资额的70%抵扣转让该企业股权取得的（财产转让所得）的应纳税所得额；当年不足抵扣的，可以结转以后抵扣。

第80记 2分 **个人所得税特殊问题处理——因任职受雇取得的所得**

飞越必刷题：125、126、128、182、183、185

（一）全年一次性奖金、解除劳动合同和提前退休取得的收入

项目	计算公式	其他特别规定
全年一次性奖金	全年一次性奖金除以12个月，找税率和速算扣除数。 应纳税额= 全年一次性奖金 × 适用税率–速算扣除数 提示：适用综合所得月度税率表	（1）可暂不并入综合所得，单独计税。 （2）在一个纳税年度内，该计税办法只允许采用一次。 （3）个人取得除全年一次性奖金以外的其他各种名目奖金，一律与当月工资薪金合并纳税
解除劳动合同取得经济补偿金	应纳税额=超过上年社平工资3倍的部分×适用税率–速算扣除数	（1）因企业破产取得的一次性安置费收入免税。 （2）经济补偿在上年社平工资3倍以内的部分，免税。 （3）超过部分，不并入综合所得，单独计税

续表

项目	计算公式	其他特别规定
提前退休取得的补贴收入	应纳税额={[（一次性补贴收入÷提前退休至法定退休年龄的年度数）−费用扣除标准6万元]×适用税率−速算扣除数}×提前退休至法定退休年龄的年度数	（1）不并入综合所得，单独计税。 （2）适用综合所得年度税率表

（二）企业年金、职业年金

具体项目	详细规定
规定标准内单位缴费部分	暂不缴税
规定标准内个人缴费部分	不超过本人工资基数的4%标准内的部分，从当期综合所得应纳税所得额中扣除
超过标准的单位缴费和个人缴费部分	并入"工资、薪金所得"缴税
年金投资运营收益分配计入个人账户	暂不缴税
达到退休年龄，领取的企业年金、职业年金	征税，单独计税 （按月、季领取的，用月度综合所得税率表，按年领取的，用年度综合所得税率表）

（三）股票期权等股权激励的个人所得税规定

情形	规定
股票期权所得	（1）授予时，不征税。 （2）行权时，实际购买价低于购买日公平市场价（股票当日收盘价）的差额，按"工资、薪金所得"征税。 （3）股票期权取得的所得暂不并入当年综合所得，全额单独计税，适用年度综合所得税率表。 计算公式为：应纳税额=股权激励收入×适用税率−速算扣除数。 （4）行权日之前将股票期权转让的，以转让净收入，按"工资、薪金所得"征税；行权后的股票再转让时的所得，适用转让股票的征免规定
股权激励的递延纳税政策	（1）非上市公司授予的股票期权、股权期权、限制性股票和股权奖励，符合条件，取得股权激励时暂不纳税，递延至转让该股权时，按"财产转让所得"项目征税。 （2）上市公司授予的股票期权、限制性股票和股权奖励，经备案，个人可自解禁或取得之日起，在不超过12个月的期限内缴纳个人所得税

（四）科技成果转化取得股权奖励、现金奖励的所得税政策

情形	具体规定
高新技术企业转化科技成果获得的股权奖励	（1）个人获得股权奖励收入时按"工资、薪金所得"项目，参照个人股票期权所得征收个税的有关规定计算确定应纳税额。 即应纳税额=股权激励收入×适用税率−速算扣除数 （2）个人一次缴纳个人所得税确有困难的，可根据实际情况在不超过5个公历年度内（含）分期缴纳
科研机构、高等学校科技成果转化获得的股权奖励	（1）给予获奖个人的股权或持股比例奖励，授予时暂不征收个人所得税；转让时按"财产转让所得"应税项目征收个人所得税（财产原值为零）。 （2）在获奖人按股份、出资比例获得分红时，对其所得按"利息、股息、红利所得"项目征收个人所得税

第81记 **2分**

个人所得税特殊问题处理——其他项目

飞越必刷题：127

（一）证券投资基金个人所得税处理

（1）个人投资者买卖基金单位获得的差价收入，暂不征收个人所得税。

（2）证券投资基金的征免规定按照所得项目类型来判断：

①股息、红利、利息收入，照常代扣代缴个人所得税。

②股票买卖价差收入（包括个人买卖基金单位差价）、国债利息和储蓄存款利息不征税。

③企业债券差价收入，照常代扣代缴税款。

（二）沪港通、深港通股票市场交易以及内地与香港基金互认的个人所得税规定

项目	内地个人投资者去买港股		香港个人投资者买A股	
股票基金转让所得	免税			
股息红利所得	20%	H股，H股公司代扣代缴。 非H股，中证登代扣代缴	10%	A股上市公司代扣代缴

（三）企业促销活动赠送礼品的个人所得税规定

情形	具体内容
不征税	（1）通过价格折扣、折让方式向个人销售商品（产品）和提供服务。 （2）销售商品（产品）和提供服务的同时给予赠品。 （3）对累积消费达到一定额度的个人按消费积分反馈礼品。 （4）向个人赠送具有价格折扣或者折让性质的消费券、代金券、抵用券、优惠券等礼品

续表

情形	具体内容
征税 （按"偶然所得"）	（1）随机向本单位以外的个人赠送礼品。 （2）对累积消费达到一定额度的顾客给予额外抽奖机会的获奖所得

（四）非居民和无住所个人取得工资、薪金所得的征税问题

1.所得来源地的判定

当期同时在境内、外工作的，按照境内、外工作天数的比例确定收入的来源。

2.工资薪金所得应税"收入额"的计算（不含董事、监事和高管人员情形）

纳税人划分		来源于境内所得 （在境内工作期间）		来源于境外所得 （在境外工作期间）	
		境内支付	境外支付	境内支付	境外支付
非居民 个人	不超过90天	征税（"公式一"）	免税	不征税（无纳税义务）	
	超过90天 不满183天	征税（"公式二"）			
居民 个人	超过183天的 年度不满6年	征税（"公式三"）			免税
居民 个人	超过183天的年 度连续满6年	征税 （此情况具体指前6年每年在境内累计居住都满183天，且没有 任何一年单次离境超过30天的）			

具体公式如下：

公式一：

当月工资薪金收入额=当月境内外工资薪金总额×当月由境内支付工资的比例×当月在境内工作时间的比例

公式二：

当月工资薪金收入额=当月境内外工资薪金总额×当月在境内工作时间的比例

公式三：

当月工资薪金收入额=当月境内外工资薪金总额×（1–当月由境外支付工资的比例×当月在境外工作时间的比例）

3.个人所得税应纳税额的计算方法

（1）无住所个人为居民个人：按照综合所得，按年度计算个人所得税。

（2）无住所个人为非居民个人：参照"非居民个人取得工资、薪金所得"的方式按月计算。

第82记 2分 **境外所得已纳税款的扣除**

飞越必刷题：183

（一）境外所得的界定

项目	境外所得的界定
任职、受雇、履约	提供劳务地点在境外
稿酬所得	境外企业和组织支付且负担的
特许权使用费	特许权在境外使用
经营所得	在境外从事生产、经营活动取得相关所得
利息、股息、红利	从境外企业、组织以及非居民个人取得的
财产租赁所得	将财产出租给承租人在中国境外使用而取得的所得
财产转让所得	转让境外的不动产、境外企业的股票、股权，或者在境外转让其他财产
偶然所得	境外企业、组织以及非居民个人支付且负担的

（二）抵免方法和计算

项目	具体内容
基本抵免方法	居民个人已在境外某国实际缴纳的个人所得税，可以从其应纳税额中抵免，但抵免额不得超过计算出的该国的"抵免限额"
某国综合所得的抵免限额（A）	境内外综合所得应合并计算应纳税额。公式为： 来源于某国综合所得的抵免限额=境内外合并综合所得应纳税额×来源于该国的综合所得收入额÷境内外合并综合所得收入额合计
某国经营所得的抵免限额的计算（B）	境内外经营所得应合并计算应纳税额。公式为： 来源于某国经营所得的抵免限额=境内外合并经营所得应纳税额×来源于该国的经营所得应纳税所得额÷境内外合并经营所得应纳税所得额合计
某国其他分类所得的抵免限额的计算（C）	境内外其他分类所得无须合并，单独计算抵免限额。公式为： 来源于某国其他分类所得的抵免限额=该国的其他分类所得（按照我国个人所得税法规定）单独计算的应纳税额
来源于一国全部所得的"抵免限额"（A+B+C）	即为上面三项"抵免限额"之和

续表

项目	具体内容
实际抵免方式	境外某国实缴税额小于该国家抵免限额的，应在中国缴纳差额部分的税款。 境外某国实缴税额大于该国家抵免限额的，超过部分不得在本年度抵免，但可以在以后年度该国抵免限额的余额中补扣，最长不超过5年

（三）其他征管规定

项目	具体内容
不得抵免的境外已纳税额	下列情形不得享受抵免： （1）错缴或错征的。 （2）不征税的。 （3）少缴或迟缴导致的追加利息、滞纳金或罚款。 （4）返还的税款。 （5）免税所得负担的税款
申报时间	取得所得的次年3月1日至6月30日内申报纳税

个人所得税的征收管理

第83记 2分

飞越必刷题：136、182、183

（一）需要自行纳税申报的情形

情形	具体纳税申报规定	
	时间	地点
取得综合所得需要办理汇算清缴	次年3月1日至6月30日内	任职、受雇单位所在地
取得经营所得	预缴时间：在月度或季度终了后15日内。 汇算清缴时间：取得所得的次年3月31日前	经营管理所在地。从两处以上取得经营所得的，选择其中一处办理汇总申报
扣缴义务人未扣缴税款	次年6月30日前	综合所得自行申报地点或扣缴义务人所在地

续表

情形	具体纳税申报规定	
	时间	地点
取得境外所得	次年3月1日至6月30日内	中国境内任职、受雇单位所在地。没有任职、受雇单位的，户籍所在地或境内经常居住地
因移居境外注销中国户籍	注销中国户籍前	户籍所在地
非居民个人从两处以上取得工资薪金所得	取得所得的次月15日内	其中一处任职受雇单位所在地

（二）综合所得的年度汇算清缴规定

情形	具体纳税申报规定
无须办理	（1）年度汇算需补税但年度综合所得收入不超过12万元的。 （2）年度汇算需补税金额不超过400元的。 （3）已预缴税额与年度应纳税额一致或者不申请年度汇算退税的
需要办理	（1）已预缴税额大于年度应纳税额，且申请退税的。 具体包括下列情形： ①年度综合所得收入额不超过6万元但已预缴个人所得税。 ②年度中间劳务报酬、稿酬、特许权使用费的预扣率高于适用税率。 ③未申报或未足额扣除或享受税收优惠。 （2）年度综合所得收入超过12万元，且需要补税金额超过400元的。 具体包括取得两处及以上综合所得，合并后适用税率提高等情形
可以享受的扣除	（1）大病医疗支出。 （2）符合条件的捐赠支出。 （3）未申报或未足额享受的其他各项扣除
办理方式	（1）自行办理：通过网上税务局（App）、邮寄或者到办税服务厅办理。 （2）可以委托涉税专业服务机构办理。 （3）通过工资薪金扣缴义务人代办

第八模块

国际税收、税收征管、税务行政法制

- 本模块包括教材中"第十二章""第十三章""第十四章"的内容。

（1）出题方式：国际税收内容可能会涉及选择题和计算问答题。

（2）近三年分值：约9～12分。

（3）与其他章节的结合：国际税收可能与个人所得税、企业所得税、增值税相结合。

胜利的曙光就在前方，终点前的最后一段路途总是最艰辛的，坚持到底就是胜利！

第84记 `2分` 国际税收关系、国际税收协定和国际税收协作

飞越必刷题：137、138

（一）税收管辖权分类

提示：我国采用的是"属地兼属人"原则。

原则	类型
属地原则	地域管辖权
属人原则	居民管辖权
	公民管辖权

（二）国际重复征税的产生

（1）前提条件：纳税人所得或收益的国际化和各国所得税制的普遍化。

（2）根本原因：各国行使的税收管辖权的重叠。

（三）国际税收协定概述

重要范本	《经合组织范本》（"OECD范本"）	《联合国范本》（"UN范本"）
区别	侧重于居民税收管辖权，对发达国家较有利	侧重于扩大收入来源国的税收管辖权，对发展中国家较有利

（四）国际税收征管协作——税基侵蚀和利润转移项目

经济合作与发展组织（OECD）发布《税基侵蚀和利润转移行动计划》（BEPS行动计划）。2015年发布全部15项产出成果。2022年6月30日，包括我国在内的97个国家签署了《实施税收协定相关措施以防止税基侵蚀和利润转移的多边公约》，于2022年9月1日对我国生效。

（五）国际税收征管协作——区域全面经济伙伴关系协定（RCEP）

2012年由东盟发起，由包括中国、日本、韩国、澳大利亚、新西兰和东盟十国共15方成员制定的协定。2022年1月1日正式生效。

国际税收协定典型条款
第**85**记

飞越必刷题：139、154、188

（一）税收居民条款

若同时存在双重税收居民身份，最终居民身份应按如下顺序判断：

（1）永久性住所。

（2）重要利益中心。

（3）习惯性居处。

（4）国籍。

（二）劳务所得条款

1.独立个人劳务（可以理解为"劳务报酬所得"）

（以外国人在中国的活动为例）一般情况下仅在该外国人的居民国征税。但符合下列条件之一的，中国有征税权：

（1）该外国人从事独立劳务在中国设有经常使用的固定基地。

（2）该外国人在任何12个月中在中国停留累计达到183天。

2.非独立个人劳务（可以理解为"工资薪金所得"）

（以外国人在中国的活动为例）外国人在中国任职受雇取得的报酬，中国拥有征税权。但同时符合以下条件的除外（中国没有征税权，不对其征收个人所得税）：

（1）外国人在任何12个月中在中国停留累计不超过183天。

（2）外国人的报酬不由中国的雇主或国外雇主设在中国的常设机构支付。

（三）常设机构条款（以外国企业在中国的活动为例）

1.基本概念

凡是在中国构成常设机构的，其利润应在中国缴纳企业所得税。常设机构通常包括管理场所、分支机构、办事处、工厂、作业场所、矿场、油井或气井、采石场或者其他开采自然资源的场所等。

2.应认定为常设机构的情形

情形	具体规定
工程和劳务常设机构	下列情形构成在中国的常设机构： （1）外国企业在中国提供建筑、装配、安装工程或监督管理活动：该工地、工程或活动连续6个月以上。 （2）外国企业通过人员在中国提供劳务：任何12个月中这些人员在中国停留连续或累计超过183天（不同人员为同一项目的停留时间应累加计算）
代理人常设机构	（1）在中国构成代理人常设机构的标准：某企业或个人在中国代表一家外国企业活动，有权并经常以外国企业的名义签订合同。

续表

情形	具体规定
代理人常设机构	（2）在中国不构成代理人常设机构的情形：某企业或个人不仅代理一家外国企业，也为其他外国企业提供代理，属于"独立代理人"，不构成常设机构。例如经纪人、中间商等一般中间商代理人

3.不应被认定为常设机构的情形——"准备性或辅助性场所"

下列情形不应被认定为常设机构，无须缴纳中国的企业所得税等。具体包括：

（1）专为储存、陈列或者交付本企业货物或者商品的目的而使用的设施。

（2）专为储存、陈列或者交付的目的而保存本企业货物或者商品的库存。

（3）专为另一企业加工的目的而保存本企业货物或者商品的库存。

（4）专为本企业采购货物或者商品，或者搜集情报的目的所设的固定营业场所。

（5）专为本企业进行其他准备性或辅助性活动的目的所设的固定营业场所。

国际税收协定管理

第**86**记 [2分]

飞越必刷题：140、186、189

（一）"受益所有人"

申请享受税收协定中对股息、利息和特许权使用费等条款的税收待遇时，需要向税务机关提供资料，进行"受益所有人"判定。

符合条件被认定为"受益所有人"的才可以享受税收协定中的优惠待遇（例如较低的预提企业所得税税率）。

（二）不利于"受益所有人"身份判定的条件

（1）申请人有义务在收到所得的12个月内将所得的50%以上支付给第三国（地区）居民，"有义务"包括约定义务和虽未约定义务但已形成支付事实的情形。

（2）申请人从事的经营活动不构成实质性经营活动。实质性经营活动包括具有实质性的制造、经销、管理等活动。

（3）缔约对方国家（地区）对有关所得不征税或免税，或虽征税但实际税率极低。

（4）在利息据以产生和支付的贷款合同之外，存在债权人与第三人之间在数额、利率和签订时间等方面相近的其他贷款或存款合同。

（5）在特许权使用费据以产生和支付的版权、专利、技术等使用权转让合同之外，存在申请人与第三人之间在有关版权、专利、技术等的使用权或所有权方面的转让合同。

（三）可直接判定为符合"受益所有人"的情形

（1）缔约对方政府。

（2）缔约对方居民且在缔约对方上市的公司。

（3）缔约对方居民个人。

（4）申请人被上述三项中的一人或多人直接或间接持有100%股份，且间接持有股份情形下的中间层为中国居民或缔约对方居民。

（四）非居民享受税收协定待遇的税务管理

非居民纳税人享受协定待遇，采取"自行判断、申报享受、相关资料留存备查"的方式办理。

（五）居民享受税收协定管理

企业或个人应向县级税务机关申请开具《税收居民证明》。

提示：居民企业的分支机构应由其总机构申请，合伙企业应以其中国居民合伙人作为申请人进行申请。

 第87记 2分

非居民企业税收管理

飞越必刷题：141、188

 493 8-4

（一）在中国境内提供应税劳务和服务的增值税处理

1.境外单位在境内承包工程、提供劳务和应税服务等（属于增值税应税范围）

（1）在境内设有经营机构：按规定适用一般计税方法或者简易计税方法计算并申报纳税。

（2）在境内未设有经营机构：以购买方为增值税扣缴义务人。

扣缴增值税额的计算公式：

应扣缴税额=购买方支付的价款÷（1+适用税率）×适用税率

2.利息、租金、特许权使用费等情形下增值税处理

非居民企业取得来源于我国境内的利息、租金、特许权使用费，属于增值税应税范围，也应按上述公式代扣代缴增值税。

提示：非居民企业取得来源于我国的股息不属于增值税征税范围，不征收增值税。

（二）取得来源于中国境内的股息、利息、租金、特许权使用费和财产转让所得的所得税处理

（1）企业所得税实行"源泉扣缴"。扣缴义务人为对非居民企业直接负有支付相关款项义务的单位或者个人。

（2）扣缴税款缴库时限要求：扣缴义务发生之日起7日内。

提示：对境外非居民企业支付股息款项时，在实际支付时产生扣缴义务。

（三）对外支付外汇的备案规定

1.应进行税务备案的情形

境内向境外（包括非居民企业）单笔支付等值5万美元以上的外汇资金（包括股息、红利、利润、利息，以及租金、股权转让和不动产转让收入等），除无须进行备案的情形外，均应向所在地主管税务机关进行税务备案。

2.无须进行税务备案的情形

（1）境内机构对外支付的在境外发生的差旅、会议、商品展销、进出口贸易佣金、保险费、赔偿款、境外代表机构办公经费、境外承包工程款、国际运输费用、境外修理、油料、港杂费用、出境旅游团费以及代订代办住宿交通等相关费用。

（2）亚洲开发银行和世界银行、外国政府、国际金融组织从我国取得的所得和收入。

（3）外汇指定银行或财务公司自身对外融资，如海外代付等。

（4）我国省级以上国家机关对外无偿捐赠援助资金。

（5）境内证券公司或登记结算公司向境外机构或个人支付其获得的股息、红利、利息收入以及有价证券卖出所得收益。

（6）境内个人境外留学、旅游、探亲等因私用汇。

（7）服务贸易、收益和经常转移项下退汇。

（8）外国投资者以境内直接投资合法所得在境内再投资。

（9）财政预算内机关、事业单位、社会团体非贸易非经营性付汇业务。

（四）境外投资者再投资递延纳税政策

1.递延纳税政策

外国投资者从中国境内居民企业分得的利润，直接投资于非禁止类的领域和项目，实行递延纳税政策，暂不征收预提所得税。

2.需要满足的条件

以中国境内居民企业实际分配的股息红利进行的直接投资行为，具体包括：

（1）新增或转增境内居民企业实收资本或资本公积。

（2）在境内投资新建居民企业。

（3）从非关联方收购境内居民企业股权。

第88记 4分 境外所得税收抵免的适用范围和计算

飞越必刷题：156、157、187

（一）适用范围和抵免办法

项目	具体内容
适用抵免的主体	（1）居民企业。 （2）非居民企业在我国境内设立的机构、场所
适用于抵免税额和抵免办法	为企业所得税性质的税额，包括： （1）直接缴纳的税额（直接抵免，纳税人为居民企业自己），具体包括： ①来源于境外的营业利润所得在境外已缴纳的企业所得税。 ②来源于境外的股息、红利、利息、租金、特许权使用费、财产转让所得，在境外被源泉扣缴的预提所得税。

续表

项目	具体内容
适用于抵免税额和抵免办法	（2）间接负担的税额（间接抵免，纳税人为居民企业的境外子公司），具体为：境外企业就分配股息之前的境外利润所缴纳的外国企业所得税中，由我国居民企业间接负担的部分
抵免限额	以某国的"应纳税所得额"乘以我国企业所得税税率计算出的"应纳税额"为抵免限额

（二）境外所得税抵免的其他规定

（1）股息、红利等投资收益已纳税额的抵免年度：利润分配决定的日期所属年度。

（2）利息、租金、特许权使用费、转让财产所得已纳税额的抵免年度：合同约定的付款日期所属年度。

（3）在计算境外应纳税所得额时，企业为取得境内外所得而在境内外发生的共同支出，与取得境外应税所得有关且合理的部分，应按以下一种或几种的综合比例在境内外分摊后扣除：

①资产比例。

②收入比例。

③员工工资支出比例等。

（三）境外所得税额抵免的基本计算

通关绿卡

命题角度：简单的境外所得税额抵免的计算（境外1个国家，1～2层子公司）。

基本计算步骤如下：

（1）找出境内的"应纳税所得额"和境外某国子公司的"应纳税所得额"。

提示：题目已知条件如果给出境外子公司的税后利润，需要将税后利润换算成税前的"应纳税所得额"（用税率换算，或直接加上已知条件中的境外子公司已纳所得税额）。

（2）按照我国企业所得税法，用境外"应纳税所得额"计算抵免限额。

某国的抵免限额=某国"应纳税所得额"×25%（高新技术企业用15%）

（3）计算我国的居民企业从境外子公司取得股息、红利，已被境外扣缴的境外预提所得税税额（此部分为"直接抵免"税额）。

直接抵免的税额=境外子公司税后进行利润分配的金额×居民企业的持股比例×境外某国预提所得税税率

（4）计算出居民企业分回股息、红利所间接负担的税额（此部分为"间接抵免"的税额）。

在只有一层境外子公司符合间接抵免的要求，按照下列"（四）间接抵免间接负担税额的计算"中的公式计算出来的即为间接抵免的税额。

（5）将"（3）中的直接抵免的税额"与"（4）中的间接抵免税额"加总，与"（2）中的抵免限额"进行比较，按孰低原则进行实际抵免。

（四）间接抵免间接负担税额的计算

1.适用间接抵免的境外子公司层级的判断

由居民企业直接或者间接持有20%以上股份的外国企业，限于符合以下持股方式的五层外国企业：

第1层：居民企业直接持有20%以上股份的外国企业。

第2层至第5层：单一上一层外国企业直接持有20%以上股份，且由该企业直接持有或通过一个或多个符合规定持股方式的外国企业间接持有总和达到20%以上股份的外国企业。

2.间接负担税额的计算

本层企业所纳税额属于由一家上一层企业负担的税额=（本层企业就本企业利润和分回的投资收益所实际缴纳的税额+符合条件下层企业缴纳的由本层企业间接负担的税额）×分配比例×持股比例

提示：

（1）"本层企业"即为符合条件的境外子公司。

（2）"本层企业就本企业利润和分回的投资收益所实际缴纳的税额"，如果在下面没有其他层级的情况下，即为境外子公司实际缴纳的境外企业所得税。

第89记 一般反避税 2分

飞越必刷题：158、189

（一）间接转让中国应税财产

1.一般反避税措施——"对间接转让重新定性"

非居民企业通过实施不具有合理商业目的的安排，间接转让中国居民企业股权等财产，规避企业所得税纳税义务的，应重新定性该间接转让交易，确认为直接转让中国居民企业股权等财产。

2.不具有"合理商业目的"的典型因素（同时满足）

（1）境外企业股权的价值大部分（75%以上）直接或间接来自中国的应税财产。

（2）间接转让发生前一年境外企业资产总额或收入绝大部分（90%以上）由在中国境内的投资构成或贡献。

（3）境外企业实际履行的功能及承担的风险有限，不具有经济实质（无实质性经营活动）。

（4）间接转让在境外应缴所得税税负较低或无须缴税。

（二）特别纳税调整

1.特别纳税调整项目

包括：转让定价、成本分摊协议、受控外国企业、资本弱化。

2.特别纳税调整重点关注的企业

（1）关联交易金额较大或类型较多。

（2）存在长期亏损、微利或者跳跃性盈利。

（3）低于同行业利润水平。

（4）利润水平与其所承担的功能风险不相匹配，或者分享的收益与分摊的成本不相配比。

（5）与低税国家（地区）关联方发生关联交易。

（6）未按照规定进行关联申报或者准备同期资料。

（7）关联方债资比超过规定标准。

（8）由居民企业，或者由居民企业和中国居民控制的设立在实际税负低于12.5%的国家（地区）的企业，并非由于合理的经营需要而对利润不作分配或者减少分配。

（9）实施其他不具有合理商业目的的税收筹划或者安排。

（三）国际反避税——应对经济数字化的双支柱方案

双支柱方案中，支柱一侧重完善对大型跨国企业的征税权分配机制，向市场国分配更多的征税权和可征税利润。支柱二通过建立全球最低税制度，打击跨国企业逃避税，并为企业所得税税率竞争划定底线。

1.支柱一

项目		具体内容
金额A	适用范围	年收入在200亿欧元以上且税前利润率超过10％的跨国企业集团，相关门槛按平均值计算。 提示：采掘业和受监管的金融业相关收入不适用金额A规则
	联结度（即参与分配的市场门槛）	当适用范围内的跨国企业从某个税收管辖区取得的收入不低于100万欧元时，允许相关市场辖区参与金额A的分配。 对于国内生产总值(GDP)低于400亿欧元的小型辖区，该联结度门槛为25万欧元
	金额分配	将超过收入10％的利润定义为＂剩余利润＂，剩余利润的25％将以收入为分配因子被分配至构成联结度的市场辖区
金额B		为特别关注低征管能力国家的需求，将通过一定的金额B对在某一辖区内从事基本营销和分销活动的转让定价提供方法框架，精简独立交易原则在营销和分销活动中的适用

2.支柱二

项目	具体内容
全球反税基侵蚀规则	适用于合并集团收入达到 7.5 亿欧元门槛的跨国企业集团。 （1）收入纳税规则：由母公司就跨国企业成员实体低税所得补缴税款至15%全球最低税水平。 （2）低税支付规则：跨国企业成员实体未适用收入纳入规则的低税所得，由其他成员实体通过限制扣除或做等额调整补缴税款至15%全球最低税水平
应税规则	允许来源国对适用税率低于9%最低税率的某些特定关联支付有限征税。征税的最低有效税率为9%

转让定价

第**90**记 2分

飞越必刷题：155、159、186

（一）关联方

　　企业与其他企业、组织或者个人具有股权关联、资金借贷关联、特许权使用关联、购销经营关联、董事高管关联、亲属关联等关系，均构成关联方。

　　企业发生关联交易应遵循独立交易原则，确定合理的转让定价方法。

（二）转让定价方法

　　合理的转让定价调整方法和适用情形包括：

方法	具体含义	适用情形
可比非受控价格法	以非关联方之间进行的相同或类似交易的价格作为公平成交价格	所有类型
再销售价格法	以将商品再销售给非关联方的价格减去可比交易毛利后的金额作为购进商品的公平成交价格，即： 公平成交价格=再销售给非关联方的价格×（1-可比非关联交易毛利率）	未对商品进行实质性增值加工的简单加工，或单纯购销业务
成本加成法	以合理成本加上可比交易毛利作为公平成交价格，即： 公平成交价格=关联交易发生的合理成本×（1+可比非关联交易成本加成率）	有形资产使用权或所有权的转让、资金融通、劳务交易等

续表

方法	具体含义	适用情形
交易净利润法	以可比非关联交易的利润率确定关联交易的净利润	不拥有重大价值无形资产企业的有形资产使用权或所有权的转让和受让、无形资产使用权受让、劳务交易等
利润分割法	将整体利润根据各方的功能风险和贡献程度等因素在各方之间进行分配或分割	各参与方高度整合且难以单独评估各自交易结果

（三）转让定价调查和调整方法

1.调查方法

采用算术平均法、加权平均法或者四分位法等，计算可比企业利润或者价格的平均值或者四分位区间。

2.具体调整方法

（1）按照可比利润水平或者可比价格逐年调整。

（2）采用四分位法时，实际利润低的，按照不低于中位值调整。

（3）实际税负相同的境内关联方间的交易，如没有导致国家总体税收收入的减少，原则上不作调整。

（四）同期资料管理

1.同期资料类型以及适用情形

同期资料		应准备同期资料的情形
主体文档		（1）年度发生跨境关联交易，且合并该企业财务报表的最终控股企业所属企业集团已准备主体文档。 （2）年度关联交易总额超过10亿元
本地文档		（1）有形资产所有权转让金额超过2亿元。 （2）金融资产转让金额超过1亿元。 （3）无形资产所有权转让金额超过1亿元。 （4）其他关联交易金额合计超过4 000万元。 提示：预约定价安排涉及的关联交易金额不计入上述范围
特殊事项文档	成本分摊协议特殊事项文档	企业签订或者执行成本分摊协议
	资本弱化特殊事项文档	企业关联债资比超过标准比例需要说明符合独立交易原则

2.同期资料准备的豁免情形

（1）企业仅与境内关联方发生关联交易的，可以不准备主体文档、本地文档和特殊事项文档。

（2）企业执行预约定价安排的，可以不准备预约定价安排涉及关联交易的本地文档和特殊事项文档。

（五）预约定价安排

1.预约定价安排适用范围

适用于前3个年度每年发生的关联交易金额在4 000万元人民币以上的企业。

2.预约定价安排简易程序

（1）适用范围：

企业在前3个年度每年发生的关联交易金额在4 000万元人民币以上，并符合下列条件之一的，可以申请适用简易程序：

①已提交前3个年度同期资料的。

②前10个年度内曾执行预约定价安排且符合要求。

③前10个年度内曾受到特别纳税调整且结案。

（2）有下列情形之一的，税务机关不予受理：

①税务机关已经实施特别纳税调整调查或其他涉税案件调查，且尚未结案。

②未按规定填报关联业务往来报告表，且不按时更正。

③未按规定准备、保存和提供同期资料。

④未按要求提供资料或提供的资料不符合要求，且不按时补正或更正。

⑤拒不配合实地访谈。

第91记 2分 税务管理

飞越必刷题：142

（一）税务登记管理

（1）无须办理税务登记：国家机关、个人、流动性农村小商贩。

（2）税务登记的主管机关：县级以上（含本级）税务局（分局）。

（二）设立税务登记

通常（含扣缴义务人需进行的扣缴登记）为"30日之内"。

（三）变更和注销税务登记

1.变更地址的注销登记

纳税人因住所、经营地点变动，涉及改变税务登记机关的，申请变更、注销登记前，或住所、经营地点变动之前办理注销税务登记，并自注销税务登记之日起30日内向迁达地税务机关申报办理税务登记。

2.一般注销程序"承诺制"容缺办理

申请一般注销的未处于税务检查状态、无欠税（滞纳金）及罚款、已缴销专用发票及税控设备，且符合下列情形之一的纳税人，采取"承诺制"容缺办理：

（1）纳税信用级别为A级和B级的纳税人。

（2）控股母公司纳税信用级别为A级的M级纳税人。

（3）省级政府引进人才或经省级以上行业协会等机构认定的行业领军人才等创办的企业。

（4）未纳入纳税信用级别评价的定期定额个体工商户。

（5）未达到增值税纳税起征点的纳税人。

3.简易注销程序

符合下列情形之一的，可免予办理清税证明，直接向市场监管部门办理注销登记：

（1）未办理过涉税事宜的。

（2）办理过涉税事宜但未领用发票、无欠税（滞纳金）及罚款的。

（3）经人民法院裁定宣告破产的纳税人。

4.非正常户处理

纳税人连续3个月所有税种均未进行申报的，税收征管系统自动将其认定为非正常户，并停止其发票领用和使用。

（四）账簿、凭证和发票管理

（1）账簿、记账凭证、报表、完税凭证、发票、出口凭证以及其他有关涉税资料应当保存10年。

（2）一般纳税人申请增值税专用发票，最高开票限额不超过10万元的，主管税务机关不需要事前实地查验。

（3）任何单位和个人不得有下列虚开发票行为：

①为他人、为自己开具与实际经营业务情况不符的发票。

②让他人为自己开具与实际经营业务情况不符的发票。

③介绍他人开具与实际经营业务情况不符的发票。

（五）纳税申报管理

项目	具体规定
办理纳税申报的对象	纳税人和扣缴义务人，包括取得临时应税收入或发生应税行为的纳税人、享受减税、免税待遇的纳税人
延期申报管理	（1）因有特殊情况，不能按期进行纳税申报的，经县级以上税务机关批准，可以延期申报。 （2）申请延期申报应在规定的期限内提出书面延期申请，经核准后办理。 （3）经核准办理的，应在纳税期内按照上期实缴或税务机关核定的税额预缴税款，并在延期内办理结算

2分

第92记

税款征收措施和制度

飞越必刷题：143、171

（一）税款征收原则

（1）税收法定原则。

（2）开付收据或清单。

税务机关征税或扣押、查封商品或其他财产时，应向纳税人开具完税凭证、收据或清单。

（3）上缴国库。

（4）税款优先原则。

①税收优先于无担保债权。

②纳税人发生欠税在前的，税收优先于抵押权、质权和留置权的执行。

③税收优先于罚款、没收非法所得。

（二）税款征收制度

基本征收制度	详细规定
税额核定	有下列情形之一的，税务机关有权核定其应纳税额： （1）依照法律、行政法规的规定可以不设置账簿的。 （2）依照法律、行政法规的规定应当设置但未设置账簿的。 （3）擅自销毁账簿或者拒不提供纳税资料的。 （4）虽设置账簿，但账目混乱或者成本资料、收入凭证、费用凭证残缺不全，难以查账的。 （5）发生纳税义务，未按照规定的期限办理纳税申报，经税务机关责令限期申报，逾期仍不申报的。 （6）申报的计税依据明显偏低，又无正当理由的
税收调整 （特别纳税调整）	（1）关联方交易未按照独立交易原则定价的，税务机关有权进行合理调整。 （2）调整追溯期限：一般3年，特殊10年
减免税	（1）享受减免税待遇期间，仍应按规定办理纳税申报。 （2）享受减免条件发生变化时，应及时向税务机关报告。 （3）减免税期满，应当自期满次日起恢复纳税
延期缴纳税款	（1）有特殊困难，经省、自治区、直辖市税务局批准，可以延期缴纳税款。 提示：特殊困难包括不可抗力；当期货币资金扣除工资社保后，不足缴纳税款。 （2）最长不得超过3个月，延期之内免收滞纳金。 （3）同一笔延期税款不得滚动审批

续表

基本征收制度	详细规定
欠税清缴 （责令限期缴纳）	(1) 税务机关发出限期缴纳税款通知书，责令限期缴纳。 (2) 责令缴纳最长期限一般不得超过15日
加收滞纳金	(1) 起止时间：税款缴纳期限届满次日起至实际缴纳税款之日止。 (2) 按日加收滞纳税款万分之五。 (3) 可以先缴纳欠税，再缴滞纳金
税收保全措施	(1) 时间点：在规定的纳税期之前或责令限期缴纳的限期之内。 (2) 法定程序： ①有根据认为有逃税行为的——责令提前缴纳。 ②限期内发现转移、隐匿迹象的——责成提供纳税担保。 ③不能提供担保的——采取税收保全措施 (3) 经县级以上税务局（分局）局长批准，可以采取以下保全措施： ①书面通知银行冻结金额相当的存款。 ②扣押、查封价值相当的商品、货物或者其他财产。 提示：保全措施期限一般不超过6个月，如需延长需由国家税务总局批准
税收强制执行 措施	(1) 时间点：在规定的纳税期之后或责令限期缴纳的限期之后。 (2) 法定程序：告诫在先（先责令限期缴纳、加征滞纳金等）。 (3) 经县级以上税务局（分局）局长批准，采取下列强制执行措施： ①书面通知银行从其存款中扣缴税款。 ②扣押、查封，依法拍卖变卖价值相当的财产以抵缴税款。 提示：对未缴纳的滞纳金同时强制执行

提示：维持家庭生活必需的住房和用品，单价5 000元以下的其他生活用品，不在上述税收保全和税收强制执行的范围内（不包括机动车辆、金银饰品、古玩字画、豪华住宅或者一处以外的住房）。

（三）税款的追征

（1）因税务机关责任：3年内补征，但不得加收滞纳金。

（2）因纳税人、扣缴义务人责任：3年内追征，特殊情况5年，加收滞纳金。

提示：特殊情况指涉及税款累计数额在10万元以上的。

（3）偷、抗、骗税：无限期追征。

命题角度：税收征收管理法的补征、追征和关税补征、追征的区别。

情形	税收征收管理法	关税
补征	3年	1年
追征	（1）偷税、抗税、骗税：无限期。 （2）一般3年，特殊5年	3年
滞纳金比例	加收比例（按日加收万分之五）和起止期限均相同	

（四）税款的退还

（1）税务机关发现后应当立即退还。

（2）纳税人3年内发现的，可要求退还，并加算银行同期存款利息。

命题角度：纳税人未按规定期限进行纳税申报或缴纳税款，税务机关的处理方式。

税务机关可以采取的处理措施包括：

（1）核定其应纳税额（无账可查或拒不进行纳税申报时）。

（2）责令其限期缴纳。

（3）从滞纳之日起按日加收滞纳金。

（4）逾期仍未缴纳的，采取强制执行措施。

（五）法律责任

1.违反发票相关管理规定的法律责任

违法违规的情形	罚款金额
（1）应开而未开发票，或者未按照规定时限、顺序、栏目，全部联次开票，或者未加盖发票专用章。 （2）使用税控装置开票，未按期报送开票数据。 （3）使用非税控器具开票，未将非税控器具报税务机关备案，或者未按规定保存、报送开票数据。 （4）拆本使用发票。 （5）扩大发票使用范围。 （6）以其他凭证代替发票使用。 （7）跨区开票。 （8）未按规定缴销发票。 （9）未按规定存放和保管发票	1万元以下

续表

违法违规的情形	罚款金额
（1）跨区域或跨境携带、邮寄、运输空白发票。 （2）丢失发票或者擅自毁损发票	1万元以下； 情节严重的，1万元~3万元
（1）转借、转让、介绍他人转让发票、发票监制章和发票防伪专用品。 （2）知道或者应当知道是私自印制、伪造、变造、非法取得或废止的发票而受让、开具、存放、携带、邮寄、运输。 （3）私自印制、伪造、变造发票，非法制造发票防伪专用品，伪造发票监制章	1万元~5万元； 情节严重的，5万元~50万元
（1）虚开发票。 （2）非法代开发票	虚开1万元以下的，5万元以下； 虚开超过1万元的，5万元~50万元

2.违反税务管理要求的法律责任

具体定义/具体行为	罚款金额或比例
（1）未按规定期限申报办理税务登记、变更或者注销登记。 （2）未按规定设置、保管账簿或者保管记账凭证和有关资料。 （3）未按规定将财务、会计制度或者财务、会计处理办法和会计核算软件报送税务机关备查。 （4）未按规定将其全部银行账号向税务机关报告。 （5）未按规定安装、使用税控装置，或者损毁或者擅自改动税控装置的	2 000元以下； 情节严重的，2 000元~1万元
（1）纳税人、扣缴义务人未按规定期限办理纳税申报和报送有关纳税资料。 （2）扣缴义务人未照规定设置、保管扣缴税款账簿或扣缴税款记账凭证及有关资料	2 000元以下； 情节严重的，2 000元~5 000元

3.偷、逃、抗、骗法律责任

行为分类	具体情形	罚款金额或比例
逃避缴纳税款（偷税）	伪造、变造、隐匿、擅自销毁账簿、记账凭证，或者多列支出或者不列少列收入，或者经税务机关通知申报而拒不申报或者进行虚假申报，不缴或者少缴应纳税	50%~5倍

续表

行为分类	具体情形	罚款金额或比例
逃避追缴欠税	欠缴税款，采取转移或者隐匿财产的手段，妨碍追缴欠税	50%~5倍
骗税	以假报出口或者其他欺骗手段，骗取国家出口退税款或其他退税款	1倍~5倍
抗税	以暴力、威胁方法拒不缴纳税款	
扣缴义务人应扣未扣、应收而不收税款		（1）向纳税人追缴税款。（2）对扣缴义务人处以50%~3倍罚款

破产清算的税收征管和税务检查

第93记 2分

飞越必刷题：144

（一）破产清算程序中的税收征管

（1）税务机关在债权申报期限内，向破产管理人申报所欠税款（包括教育费附加和地方教育附加）、滞纳金和罚款。因特别纳税调整而产生的利息，也应一并申报。

（2）受理破产申请之日至注销之日期间，应履行各项税法义务；发生应税情形的，应按规定申报纳税。

（3）破产管理人可以以企业名义办理纳税申报等涉税事宜，以企业名义按规定申请开具发票或者代开发票。

（4）所欠税款（包括附加费）：按"欠缴税款"申报。

所欠的滞纳金、特别纳税调整利息：按"普通破产债权"申报。

（二）税务检查

（1）税务机关在纳税检查中的权利包括：

①检查权：账簿、记账凭证；生产、经营场所和货物存放地；有关的文件、证明材料和有关资料。

②询问权：询问有关的问题和情况。

③查证权：纳税人托运、邮寄、应税商品、货物或者其他有关单据凭证和资料。

④查账户：经县级以上税务局（分局）局长批准，查询存款账户。

（2）因检查需要时，经县以上税务局（分局）局长批准，可以将账簿、记账凭证、报表和其他有关资料调回税务机关检查，但必须开付清单，并在3个月内完整退还。

（3）税务机关派出人员在进行检查时，必须出示税务检查证和税务检查通知书；无税务检查证和税务检查通知书的，纳税人、扣缴义务人及其他当事人有权拒绝检查。

纳税担保

2分

飞越必刷题：160

（一）纳税担保概念

（1）纳税担保方式：保证、抵押、质押。

（2）纳税担保的范围：税款、滞纳金和实现税款、滞纳金的费用。

提示：不包括罚款。

（3）适用的情形：

①有根据认为纳税人有逃避纳税义务的，责令限期缴纳，限期内发现转移、隐匿迹象的。

②欠缴税款、滞纳金的纳税人或者其法定代表人需要出境的。

③纳税人同税务机关在纳税上发生争议而未缴清税款，需要申请行政复议的。

④其他情形。

（二）保证

项目	具体规定
不得作为保证人的情形	（1）国家机关、学校、幼儿园、医院等事业单位、社会团体。 （2）企业法人的职能部门（分支机构有书面授权的，可在授权范围担保）。 （3）有以下情形之一的： ①有逃避缴纳税款、抗税、骗税、逃避追缴欠税行为被追究法律责任未满2年的。 ②因税收违法行为正在被立案处理或涉嫌刑事犯罪被立案侦查的。 ③纳税信用等级被评为C级以下的。 ④在主管税务机关所在地的市没有住所的自然人或税务登记不在本市的企业。 ⑤无民事行为能力或限制民事行为能力的自然人。 ⑥与纳税人存在担保关联关系的。 ⑦有欠税行为的
保证责任	连带责任
保证时限	保证期间为应缴纳税款期限届满之日起60日内
违反保证的责任	（1）责令限期缴纳。 （2）逾期仍未缴纳的，经县级以上税务局局长批准，采取强制执行措施

（三）抵押和质押

项目	具体规定
抵押	（1）可抵押的财产包括：房屋和地上定着物、机器、交通运输工具和其他财产。 （2）不可抵押的财产有： ①土地所有权。 ②土地使用权（上述抵押范围规定内允许的除外）。 ③公益事业单位、社会团体、民办非企业单位的教育、医疗卫生和其他社会公益设施。 ④所有权、使用权不明或有争议的财产。 ⑤依法被查封、扣押、监管的财产。 ⑥违法、违章的建筑物。 ⑦禁止流通的财产或者不可转让的财产。 （3）纳税人逾期未缴清税款及滞纳金的，税务机关有权依法处置该财产以抵缴税款及滞纳金
质押	（1）主要指的是将动产或权利凭证移交税务机关占有，作为税款及滞纳金的担保。 （2）分为动产质押和权利质押。 （3）纳税人逾期未缴清税款及滞纳金的，税务机关有权依法处置该动产或权利凭证以抵缴税款及滞纳金

第95记 2分

纳税信用管理

飞越必刷题：145、146、147、161、162

（一）纳税信用级别和评估

项目	具体规定
纳税信用评估方式和范围	（1）纳税信用评价采取年度评价指标得分和直接判级方式。 （2）适用范围：已办理税务登记、查账征收的企业纳税人。包括不满一个评价年度的新设立企业、评价年度内无生产经营业务收入和适用核定征收办法的企业。 （3）有下列情形之一的纳税人，不参加本期的评价： ①纳入纳税信用管理时间不满一个评价年度的。 ②因涉嫌税收违法被立案查处尚未结案的。 ③被审计、财政部门依法查出税收违法行为，税务机关正在依法处理，尚未办结的。 ④已申请税务行政复议、提起行政诉讼尚未结案的

续表

项目	具体规定
纳税信用级别	（1）纳税信用级别设A、B、C、D、M五级。 （2）未发生任何失信行为的下列企业适用M级： ①新设立企业。 ②评价年度内无生产经营业务收入且年度评价指标得分70分以上的企业

（二）纳税信用修复

1.修复的情形和需满足的条件

违规情形	可申请修复需满足的条件
未按期限办理纳税申报、税款缴纳、备案等事项	已补办
未足额缴纳税款、滞纳金， 未构成犯罪，被直接评级为D级	60日内足额缴纳、补缴
被确定为重大违法失信主体， 被直接被判为D级，或本年度保留维持D级	前12个月没有新增失信行为
由D级纳税人直接责任人员登记或经营，关联评价为D级的	前6个月没有新增失信行为
非正常户	履行相应义务解除非正常户

提示：对于被直接判为D级的纳税人，经申请重新评价的，不得被评为A级。

2.其他规定

（1）纳税信用修复一个纳税年度内只能申请一次。

（2）按照"首违不罚"规定对纳税人不予行政处罚的，相关记录不纳入纳税信用评价。

（三）重大税收违法失信主体信息公布管理

1.重大税收违法失信主体的范围

违法行为	标准
逃税 （逃避缴纳税款）	不缴或者少缴应纳税款100万元以上，且任一年度不缴或者少缴应纳税款占当年各税种应纳税总额10%以上的
欠税 （逃避追缴欠税）	100万元以上的
抗税	无标准，直接公布
骗税	
虚开发票	虚开增值税专用发票或虚开用于骗取出口退税、抵扣税款的其他发票的
	虚开普通发票100份以上或金额400万元以上的

续表

违法行为	标准
伪造、变造发票及周边	私自印制、伪造、变造发票，非法制造发票防伪专用品，伪造发票监制章的
走逃失联	有上述违法行为（逃、欠、抗、骗、虚开发票）经税务机关检查确认走逃（失联）的
非法提供账户、发票、证明或其他	导致未缴、少缴税款100万元以上或者骗取国家出口退税款的
税务代理人违法	造成纳税人未缴或者少缴税款100万元以上的

2.其他规定

（1）公布期限为3年。满3年的，停止公布。

（2）存在"逃税、欠税"违法行为的失信主体，在失信信息公布前缴清税款、滞纳金和罚款，经税务机关确认，不予公布。

（3）失信公布期间，符合下列条件的可以提前停止公布：

①缴清税款、滞纳金、罚款，且信息已公布满6个月的。

②失信主体破产，税务机关依法受偿的。

③重大自然灾害、公共卫生、社会安全等突发事件期间，作出突出社会贡献的。

提示：被确认为失信主体后，又发生违法行为受到处理或处罚的，或者五年内被确定为失信主体两次以上的，不予提前停止公布。

涉税专业服务概述

第96记 2分

飞越必刷题：148、149、163、164

（一）涉税专业服务机构

我国目前对涉税专业服务机构及其从事涉税专业服务人员进行实名制管理。涉税专业服务机构包括：

（1）税务师事务所。

提示：对税务师事务所实施行政登记管理。未经行政登记不得使用"税务师事务所"名称。

（2）从事涉税专业服务的会计师事务所、律师事务所。

提示：从事涉税专业服务的会计师事务所和律师事务所，依法取得会计师事务所执业证书或律师事务所执业许可证，视同行政登记。

（3）代理记账机构、税务代理公司、财税类咨询公司等其他机构。

（二）涉税专业服务的业务范围和限制

"八大类"业务范围：

服务项目	具体内容	对涉税专业服务机构的限制
纳税申报代理	对提供的资料进行收集和专业判断，代理进行纳税申报和签署各类申报表及相关文件，并完成纳税申报	不限
一般税务咨询	对日常办税事项提供咨询服务	
专业税务顾问	对特定涉税事项提供专项税务咨询服务，或为委托人提供长期税务顾问服务。 提示：通常需要专业调查，并出具专门报告或建议	只能由税务师事务所、会计师事务所、律师事务所从事。相关文书应由税务师、注册会计师、律师签字，并承担相应责任
税收策划	对经营和投资活动提供符合税法规定的税收策划方案和纳税计划	
涉税鉴证	按照法律法规及相关规定要求，对被鉴证人涉税事项的合法性、合理性进行鉴定和证明，出具书面专业意见	
纳税情况审查	接受行政机关、司法机关委托，依法对纳税人、扣缴义务人的纳税情况进行审查并作出专业结论	
其他税务事项代理	接受委托人委托，在权限内以委托人名义办理纳税事项	不限
其他涉税服务	上述服务以外的涉税服务	

（三）涉税服务信用评价

1.信用评价体系概述

项目	对涉税专业服务机构	对涉税服务人员
主管机构	国家税务总局	
负责进行信用评价的机构	省、自治区、直辖市和计划单列市的税务机关 （简称为"省级税务机关"）	
评价方式	信用积分和信用等级相结合	信用积分和执业负面记录相结合

2.涉税专业服务机构的信用评价方式

（1）信用积分。

提示：未参加纳税信用级别评价的，第一个评价周期信用积分基础分按70分计算。

（2）信用等级。

提示：每年4月30日前完成上年度的评价，评价结果有效期为一年。一个评价周期内新设立的涉税专业服务机构，不纳入信用等级评价范围。

信用等级从高到低分为以下级别，不同级别分别对应不同的管理措施。

信用等级	积分范围	对应的管理措施
5级	400分以上	绿色通道、批量申报报送等便利化服务、税务机关购买服务时同等条件下优先考虑
4级	300分以上不满400分	正常管理
3级	200分以上不满300分	
2级	100分以上不满200分	①分类管理，对其代理的税务事项重点关注。
1级	不满100分	②列为重点监管对象。 ③向其委托方纳税人的主管税务机关推送风险提示。 ④涉税专业服务协议信息采集，必须到税务机关现场办理
被纳入涉税服务失信名录的涉税专业服务机构和从事涉税服务人员		①予以公告并向社会信用平台推送。 ②向其委托方纳税人、委托方纳税人主管税务机关进行风险提示。 ③不予受理其所代理的涉税业务

（四）涉税专业服务机构的法律责任

分类	具体情形	监管责任和措施
轻微的违规责任	（1）使用税务师事务所名称未办理行政登记的。 （2）未按照办税实名制要求提供涉税专业服务机构和从事涉税服务人员实名信息的。 （3）未按照业务信息采集要求报送从事涉税专业服务有关情况的。 （4）报送信息与实际不符的。 （5）拒不配合税务机关检查、调查的。 （6）其他	（1）责令限期改正或予以约谈。 （2）逾期不改正的，降低信用等级或纳入信用记录，暂停受理业务（不超过6个月）。 （3）情节严重的，纳入失信名录，予以公告并推送；其所代理的涉税业务不予受理

续表

分类	具体情形	监管责任和措施
严重的违法违规行为	（1）违反税收法律、行政法规，造成委托人未缴或者少缴税款，按照《征管法》相关规定被处罚的。 （2）未按涉税专业服务相关业务规范执业，出具虚假意见的。 （3）采取隐瞒、欺诈、贿赂、串通、回扣等不正当竞争手段承揽业务，损害委托人或他人利益的。 （4）利用服务之便，谋取不正当利益的。 （5）以税务机关和税务人员的名义敲诈纳税人、扣缴义务人的。 （6）向税务机关工作人员行贿或者指使、诱导委托人行贿的。 （7）其他	（1）列为重点监管对象，降低信用等级或纳入信用记录，暂停受理所代理的涉税业务（不超过6个月）。 （2）情节较重的，纳入失信名录，予以公告并推送，其所代理的涉税业务不予受理。 （3）情节严重的，宣布行政登记无效，提请市场监管部门吊销营业执照，提请行业协会取消其职业资格证书登记，收回其资格证书并公告；涉税服务人员也应做相应处理

第97记 2分

税务行政处罚

飞越必刷题：150、151

（一）设定

立法行政机关	具体税务行政处罚的设定权限
全国人大及其常委会	（1）形式：法律。 （2）类型：各种处罚
国务院	（1）形式：行政法规。 （2）类型：除限制人身自由以外的税务行政处罚
国家税务总局	可以通过规章的形式设定警告、通告批评或一定数额的罚款。允许以部门规章形式设定的罚款限额： （1）最高不得超过10万元。 （2）涉及公民生命健康安全、金融安全且有危害后果的，最高不得超过20万元
税务局及其以下各级税务机关	不能设定

（二）种类

（1）罚款。

（2）没收财物违法所得。

（3）停止出口退税权。

（4）其他。

（三）主体

（1）一般规定：县级以上税务机关。

提示：各级税务机关的内设机构、派出机构不具有处罚主体资格。

（2）《征管法》中的特别授权：税务所可以实施金额在2 000元以下的罚款。

（四）程序

1.简易程序

项目	具体规定
基本概念	当场作出的处罚程序
适用范围	（1）案情简单、事实清楚、后果轻微且有法定依据应当给予处罚的违法行为。 （2）仅适用于对公民处以50元以下和对法人处以1 000元以下罚款的违法案件

2.一般程序中的听证程序

项目	具体规定
适用情形	对公民处以2 000元（含）以上，或对法人处以1万元（含）以上罚款的案件。 提示：对应当进行听证的案件，税务机关不组织听证，行政处罚决定不能成立；当事人放弃听证权利或者被正当取消听证权利的除外
提出申请	当事人在《税务行政处罚事项告知书》送达后3日内书面提出
举行听证	（1）税务机关收到申请后15日内举行听证。 （2）举行听证7日前，将《税务行政处罚听证通知书》送达当事人，通知当事人相关信息。 （3）听证由非本案调查机构人员主持。 （4）当事人认为主持人与本案有直接利害关系的，有权在举行听证的3日前向税务机关申请回避。听证主持人的回避，由组织听证的税务机关负责人决定。 （5）当事人可以亲自参加听证，也可以委托1至2人代理。 （6）税务行政处罚听证应当公开进行。但是涉及国家秘密、商业秘密或者个人隐私的，不公开进行

续表

项目	具体规定
终止与中止	（1）听证中止：听证主持人认为证据有疑问无法听证辨明，可能影响处罚准确公正。 （2）听证终止： ①当事人或其代理人无正当理由不参加听证，被视为放弃听证权利的。 ②听证过程中，当事人或其代理人放弃权利，声明退出听证会；或不经主持人许可擅自退出听证会的。 ③听证过程中，当事人或其代理人严重违反听证秩序，致使听证无法进行的
听证笔录	（1）听证笔录，经听证主持人审阅并由听证主持人和记录员签名后，封卷上交税务机关负责人审阅。 （2）当事人或者其代理人、本案调查人员、证人及其他有关人员认为听证笔录有遗漏或者有差错的，可以请求补充或者改正。认为没有错误的，应当签字或者盖章；拒绝签名或者盖章的，记明情况附卷

提示：听证费用由组织听证的税务机关支付，不得由要求听证的当事人承担。

（五）裁量权行使规则

1.不予处罚

首次违反且情节轻微，并主动改正或限期改成的，一般不予行政处罚。一般有下列情形的，不予行政处罚：

（1）违法行为轻微并及时纠正，没有造成危害后果。

（2）不满14周岁。

（3）精神病人不能辨认或不能控制自己行为。

2."首违不罚"清单

对于首次发生下列清单中所列事项且危害后果轻微，在税务机关发现前主动改正或者在责令限期改正的期限内改正的，不予行政处罚。

（1）未按规定报送下列相关信息的：

未报送全部银行账号；未按规定报送财务、会计制度或者财务会计处理办法和会计核算软件；未报送代扣代缴、代收代缴税款有关资料。

（2）未按照规定设置、保管账簿或者保管记账凭证和有关资料的，包括代扣代缴、代收代缴税款账簿凭证及有关资料。

（3）未按规定期限办理纳税申报的。

（4）未按规定取得发票、缴销发票、报送税控装置开票数据或加盖发票专用章，且没有违法所得的。

（5）未按规定办理税务登记证验证或者换证手续。

3.从轻或减轻处罚

有下列情形的，应依法从轻或者减轻行政处罚：

（1）主动消除或者减轻违法行为危害后果的。

（2）受他人胁迫。

（3）配合税务机关查处违法行为有立功表现。

4.其他

（1）应处罚的违法行为在5年内未被发现的，不再处罚。

（2）对当事人的同一个税收违法行为不得给予两次以上罚款的行政处罚。

税务行政复议

4分

第**98**记

飞越必刷题：151、152、165

（一）税务行政复议范围

1.征税行为——"复议前置"原则

对"征税行为"不服的，必须先申请行政复议。对行政复议决定不服的，可以提起税务行政诉讼（复议前置原则）。"征税行为"具体包括：

（1）确认纳税主体、征税对象、征税范围、减税、免税、退税、抵扣税款、适用税率、计税依据、纳税环节、纳税期限、纳税地点和税款征收方式等具体行政行为。

（2）征收税款、加收滞纳金行为。

（3）代扣代缴、代收代缴、代征行为。

2.其他具体行政行为

可提起复议也可直接提起诉讼。

（二）税务行政复议管辖

1.一般管辖权

向"上一级"税务机关申请行政复议。

2.特殊管辖权

对"谁"不服	向"谁"申请复议
国家税务总局	国家税务总局（"同级复议"）
计划单列市税务局	国家税务总局
税务所（分局）、税务局的稽查局	所属税务局
两个以上税务机关共同作出	共同上一级税务机关
税务机关与其他行政机关共同作出	共同上一级行政机关
被撤销的税务机关在撤销前作出	继续行使其职权税务机关的上一级税务机关

对"谁"不服	向"谁"申请复议
逾期不缴纳罚款加处罚款不服	作出行政处罚的税务机关（"同级复议"）
对已处罚款和加处罚款都不服	作出行政处罚的税务机关的上一级税务机关

（三）税务行政复议申请

1.申请时限

知道税务机关作出具体行政行为之日起"60日内"。申请期限起算之日具体为：

（1）当场作出具体行政行为的，自作出之日起计算。

（2）载明具体行政行为的法律文书直接送达的，自受送达人签收之日起计算。邮寄送达的，自在邮件签收单上签收之日起计算；没有邮件签收单的，自受送达人在送达回执上签名之日起计算。

（3）依法通过公告形式告知受送达人的，自公告规定的期限届满之日起计算。

（4）税务机关作出具体行政行为时未告知申请人，事后补充告知的，自收到补充告知的通知之日起计算。

（5）税务机关作出具体行政行为，依法应当向申请人送达法律文书而未送达的，视为该申请人不知道该具体行政行为。

2."纳税前置"原则

"纳税前置"原则对"征税行为"申请复议的，必须先缴纳税款和滞纳金，或提供相应的担保，才可以在缴清税款滞纳金后或担保得到确认之日起"60日内"提出复议申请。

提示：对逾期不缴纳罚款加处罚款的决定不服的，也应当先缴纳罚款和加处罚款，再申请行政复议。

3."复议诉讼不同时进行"原则

复议机关已受理的，在复议期间不得再向人民法院提起行政诉讼；人民法院已受理的，不得再申请行政复议。

（四）税务行政复议审查和听证

对重大、复杂的案件，申请人提出要求或者复议机关认为必要时，可以采取听证的方式审理。

（五）行政复议的中止和终止

中止的情形	终止的情形
（1）作为申请人的公民死亡，其近亲属尚未确定是否参加行政复议的。 （2）作为申请人的公民丧失参加行政复议的能力，尚未确定法定代理人参加行政复议的。 （3）作为申请人的法人或者其他组织终止，尚未确定权利义务承受人的。 （4）作为申请人的公民下落不明或者被宣告失踪的。 （5）申请人、被申请人因不可抗力，不能参加行政复议的。 （6）行政复议机关因不可抗力原因暂时不能履行工作职责的。 （7）案件涉及法律适用问题，需要有权机关作出解释或者确认的。 （8）案件审理需要以其他案件的审理结果为依据，而其他案件尚未审结的	（1）申请人要求撤回行政复议申请，行政复议机构准予撤回的。 （2）作为申请人的公民死亡，没有近亲属，或者其近亲属放弃行政复议权利的。 （3）作为申请人的法人或者其他组织终止，其权利义务的承受人放弃行政复议权利的。 （4）申请人与被申请人依照规定，经行政复议机构准许达成和解的。 （5）行政复议申请受理以后，发现其他行政复议机关已经先于本机关受理，或者人民法院已经受理

（六）行政复议决定

决定类型	适用范围和其他规定
维持	事实清楚，证据确凿，适用依据正确，程序合法，内容适当的
要求履行	被申请人不履行法定职责的
撤销、变更或者确认违法	决定撤销或确认违法的，可以责令被申请人重新作出具体行政行为。被申请人不得作出对申请人更为不利的决定
变更	可以直接决定变更
驳回	税务机关无权限，或有权限且已经履行完毕，或不符合受理条件的

（七）和解与调解

（1）对于下列事项，在复议决定作出前可以达成和解，复议机关也可以调解：

①行使自由裁量权作出的具体行政行为，例如行政处罚、核定税额、确定应税所得率等。

②行政赔偿、行政奖励。

③存在其他合理性问题。

（2）经和解终止行政复议的，申请人不得以同一事实和理由再次申请行政复议。

（3）调解未达成，或者调解书不生效（未签字）的，行政复议机关应当及时作出复议决定。

第99记 2分

税务行政诉讼

飞越必刷题：151、153

（一）管辖

种类	具体内容
级别管辖	（1）基层人民法院管辖一般的一审案件。 （2）中、高级人民法院管辖本辖区内重大复杂的一审案件。 （3）最高人民法院管辖全国范围内重大复杂的一审案件
地域管辖	（1）一般规定：最初作出具体行政行为的税务机关所在地的法院。 （2）特殊规定：经复议案件，复议机关改变原具体行政行为的，由原告选择最初税务机关所在地法院，或复议机关所在地法院
裁定管辖	包括移送管辖、指定管辖、管辖权转移

（二）起诉和受理

（1）（同税务行政复议的"复议前置"原则）对征税行为不服提起诉讼，必须先经复议；对复议决定不服的，可以在接到复议决定书之日起15日内向人民法院起诉。

（2）对其他具体行政行为不服的，当事人可以在接到通知或者知道之日起15日内直接起诉。

（3）税务机关不享有起诉权，只有应诉权（只能当被告，不能反诉）。

（三）审理和判决

审理的核心是审查被诉具体行政行为是否合法。审理后可以作出如下判决：

（1）维持判决。证据确凿、适用法律、法规正确，符合法定程序。

（2）撤销判决。证据不足，适用法律、法规错误，违反法定程序，或者超越职权、滥用职权，应判决撤销或部分撤销，同时可判决重新作出具体行政行为。

（3）履行判决。审理查明被告不履行法定职责的，判决被告履行。

（4）变更判决。税务行政处罚明显不当或显失公正的，可以判决变更。

（四）涉税专业服务机构的法律责任

涉税专业服务机构的涉税业务内容包括：

（1）纳税申报代理。

（2）一般税务咨询。

（3）专业税务顾问。

（4）税收策划：提供符合税收法律法规及相关规定的纳税计划、纳税方案。

（5）涉税鉴证：对涉税事项真实性和合法性出具鉴定和证明。

（6）纳税情况审查。

（7）其他税务事项代理等。

必备清单

附录一——大税种问答类题目必备知识点

（一）增值税

1.税率/征收率

税率	（1）13%：货物、劳务、有形动产租赁服务。 （2）9%：特定低税率的货物，交通运输、邮政、基础电信、建筑、不动产租赁服务、销售不动产、转让土地使用权。 （3）6%：现代服务（租赁服务除外）、增值电信、金融服务、生活服务、销售无形资产（转让土地使用权除外）。 （4）0%：出口货物、向境外销售的特定0%税率服务
征收率	（1）3%：小规模纳人的绝大部分情形和一般纳税人的特定业务。 提示：小规模纳税人适用3%征收率的应税销售收入，减按1%征税。 （2）3%减按2%征收：一般纳税人出售使用过的不得抵扣且未抵扣进项税的固定资产、小规模纳税人出售使用过的固定资产（小规模纳税人可享受3%减按1%征税的优惠）。 （3）5%：不动产相关（一般纳税人要求是老项目）、劳务派遣服务选择按差额计征的、一般纳税人提供人力资源外包服务。 （4）0.5%：二手车经销商销售二手车

2.税额计算

项目	情形	详细规定
销项税额	一般情形的销售额	（1）全部价款和价外费用（不含增值税）。 （2）包装物押金看货物： 啤酒黄酒+一般货物：逾期时计入销售额（合同约定、1年孰早）。 其他酒类：收取时计入销售额。 （3）不含"代收"性质的款项

续表

项目	情形	详细规定
销项税额	视同销售的销售额	按照如下顺序来确定： （1）"自己"同期同类平均。 （2）"他人"同期同类平均。 （3）组成计税价格：组成计税价格=成本×（1+成本利润率） 应税消费品的组成计税价格： 组成计税价格=成本×（1+成本利润率）÷（1−消费税比例税率）
	特殊销售方式的销售额	（1）折扣销售（商业折扣）：销售额和折扣额在同一张发票金额栏分别注明的允许扣除。 （2）销售折扣（现金折扣）：不得扣除。 （3）销售折让或退回：允许扣除。 （4）以旧换新：金额首饰按差额，其他货物按新货物售价。 （5）以物易物：双方均作购销处理。 提示：换入货物要考虑进项税额是否可以抵扣
	差额计税的销售额	（1）金融商品转让：扣买入价。 （2）房企一般纳税人采用一般计税方法销售开发的房地产项目：扣地价。 （3）建筑服务采用简易计税方法：扣分包款。 （4）转让不动产（非自建）采用简易计税方法：扣购置原价
	纳税义务发生时间	（1）一般规定（以及直接收款方式）：收讫销售款或合同约定应收款当天；如先开票，为开票当天。 （2）赊销和分期收款：合同约定收款日期当天（无约定的，按发货）。 （3）委托他人代销货物：收到代销清单或货款，都未收到的为发货满180天当天。 （4）预收货款方式销售货物：发货的当天。 （5）预收款方式提供租赁服务：收到预收款当天
进项税额	允许抵扣的进项税额	（1）凭票抵扣，包括专用发票、海关进口专用缴款书、解缴税款的完税凭证，以及两种特殊类型的"增值税电子普通发票"。 （2）农产品计算抵扣（基本扣除率9%，用于"深加工"生产领用时加抵1%，取得增值税普通发票不得计算抵扣）。 （3）国内旅客运输服务计算抵扣（仅限于本单位员工和接受劳务派遣员工，需注明旅客身份信息）：航空运输电子客票行程单（票价+燃油附加）、铁路车票、公路水路客票

续表

项目	情形	详细规定
进项税额	不得抵扣的进项税额	(1) 专门用于"简易计税""免税""集体福利""个人消费"的进项税额不得抵扣；兼用于前述项目的，按下列规定处理： ①购进的固定资产、无形资产、不动产，以及租入的固定资产、不动产兼用的：允许全额抵扣。 ②购进的其他项目无法划分的：按销售额比例划分不得抵扣的进项税。 (2) 非正常损失的货物、不动产及其相关的劳务服务等不得抵扣。 (3) 购进的贷款服务、餐饮服务、居民日常服务、娱乐服务，不得抵扣
简易计税	适用范围	(1) 一般纳税人提供"漫影文体、公仓装派"服务。 (2) 一般纳税人销售自己使用过的不得抵扣且未抵扣过进项税的固定资产（可以减按2%征收，开具专票需放弃减征）
跨县市提供建筑服务、不动产租赁服务和转让不动产		预缴、申报公式和预征率等规定（略）

3.留抵退税计算

（1）公式：可退税款 = 增量留抵税额 × 进项构成比例 × 60%。

（2）进项构成比例："专票、机动车销售统一发票、道路通行费电子普通发票、进口专用缴款书、完税凭证"占全部进项税额的比例。

（二）消费税

1.计税依据

情形	计税依据详细规定
从价计征	(1) 包括价外费用，不含增值税（需要价税分离），不含"代收"款项。 (2) 包装物租金，直接计入销售额。 (3) 包装物押金，同增值税一致（从量计征的啤酒、黄酒除外）。 (4) 以旧换新：同增值税
复合计征	卷烟、白酒，有核定最低计税价格的规定
特殊规定	(1) 非独立核算门市部对外销售，按门市部对外销售金额或数量。 (2) 电子烟生产企业通过经（代）销商向批发商销售的，按经（代）销商对外销售额。 (3) 换、投、抵，按最高销售价格

续表

情形	计税依据详细规定
自产自用	按以下顺序确定销售额： （1）自己同期同类平均。 （2）（自产自用）组成计税价格： ①从价计征：组成计税价格=（成本+利润）÷（1–消费税比例税率） ②复合计征：组成计税价格=（成本+利润+自产自用数量×定额税率）÷（1–消费税比例税率）
委托加工	受托方代收代缴消费税（受托方为个人的除外）按下列顺序： （1）受托方同期同类平均。 （2）组成计税价格： ①从价计征：组成计税价格=（材料成本+加工费）÷（1–消费税比例税率） ②复合计征：组成计税价格=（材料成本+加工费+委托加工数量×定额税率）÷（1–消费税比例税率）
进口	进口环节组成计税价格： （1）从价计征：组成计税价格=（关税完税价格+关税）÷（1–消费税比例税率） （2）复合计征：组成计税价格=（关税完税价格+关税+进口数量×消费税定额税率）÷（1–消费税比例税率）

2.特殊环节

环节	具体规定
批发环节税率	（1）卷烟批发环节加征：11%+0.005元/支。 （2）电子烟批发环节加征：11%
零售环节税率	（1）超豪华小汽车加征：10%。 （2）金银铂钻首饰（仅在零售环节）：5%

3.已纳消费税的扣除

维度	具体规定
已纳消费税的扣除	（1）委托加工收回后加价出售：可扣（无范围限制）。 （2）外购应税消费品连续生产：8+1可扣。 （3）委托加工收回连续生产：8可扣

（三）企业所得税

1.税率

（1）一般：25%。

（2）小型微利企业：20%。

（3）高新技术企业/技术先进型服务企业/西部大开发/海南自由贸易港/从事污染防治的第三方企业等：15%。

（4）在境内无机构场所或虽有机构、场所但取得的所得与其所设机构、场所没有实际联系的非居民企业：10%（源泉扣缴）。

2.计税依据/应纳税所得额的规定

情形	详细规定
应纳税所得额	以正确的会计利润为基础，进行纳税调整后，得出"应纳税所得额"
应税收入	应税收入=收入总额−不征税收入−免税收入 （1）收入总额需满足收入确认时点的规定。 （2）不征税收入：财政拨款、政府性基金和行政事业性收费、专项用途财政性资金（同时满足3个条件）。 （3）免税收入：国债利息收入、符合条件的居民企业间股息红利、非营利组织非营利收入
特殊销售方式	（1）商业折扣：允许扣除。 （2）现金折扣：不得扣除。 （3）销售折让或退回：允许扣除。 （4）以旧换新：按新货物售价，回购商品作为购进商品。 （5）买一赠一：不属于捐赠，按公允价值比例分摊
视同销售收入	（1）发生所有权转移的，要视同销售。 （2）视同销售收入应计入"销售（营业）收入"中，作为广宣费和业务招待费扣除限额的计算基数
税前扣除项目	（1）工资薪金：据实扣。 （2）劳务派遣：直接支付给劳务派遣公司的，不作为工资薪金；支付给派遣员工个人的，计入工资薪金或福利费。 （3）股权激励：等待期不得扣除，行权时作为工资薪金扣除。 （4）三项经费：以工资薪金为基数，限额扣（14%、8%、2%）。 （5）保险费：全体员工的补充养老、补充医疗限额扣除，商业保险不得扣除。 （6）业务招待费：实发60%、销售（营业）收入5‰，两个限额取孰低作为扣除限额。 （7）广宣费：一般企业销售（营业）收入15%限额扣除；"药妆饮"企业限额30%；烟草企业不得扣。 （8）借款利息：向金融企业借款据实扣；非金融企业借款，利率不超过金融企业同期同类贷款利率允许扣；关联方企业借款还需符合债资比2:1。 （9）公益性捐赠：直接捐赠不得扣；一般公益性捐赠在会计利润总额12%限额内扣除。 （10）手续费及佣金：5%限额扣

续表

情形	详细规定
不得扣除项目	（1）所得税、税后利润分配。 （2）各类准备金、非广告性质赞助支出。 （3）滞纳金、罚款、罚金、没收财物损失等。 （4）企业之间支付的管理费
税收优惠项目 （2023年适用）	（1）技术转让所得：500万元及以内免征，超过500万元减半征收（所得减半和税率优惠不同时享受）。 （2）小型微利企业：应纳税所得额减按25%，税率减按20%。 （3）研发费用： ①一般企业加计扣除比例是100%；集成电路企业和工业母机企业是120%。 ②加计扣除基数的确定要分情况，委托境内研发按实际发生额80%作为基数；委托境外研发，实际研发费用80%和境内研发费用的2/3取孰低作为加计扣除基数。 （4）基础研究支出、残疾人员工资100%加计扣除。 （5）固定资产单位价值不超过500万元的，一次性扣除。 （6）固定资产加速折旧：可采用缩短折旧年限（不得短于60%）、加速折旧方法（年数总和法和双倍余额递减法）。 （7）购置且自用的环境保护、节能节水、安全生产专用设备投资额10%可抵应纳税额
特殊经营业务的处理	（1）股权转让收入：不得扣被投资企业所有者权益中的未分配利润等留存收益。 （2）撤资/减资：被投资企业所有者权益中的未分配利润等留存收益视同利润分配，符合条件的股息红利可免税。 （3）非货币性资产对外投资，分5年均匀确认非货币性资产转让所得。 （4）接收股东划入资产，协议约定作为资本金+会计已做处理，不征税，不满足条件的，征税。 （5）可转债转换时点：应收未收利息一次性交税，转换后股权计税基础为债券购买价+应收未收利息+税费。 （6）企业重组：符合条件的采用特殊性税务处理，对于股权支付部分按原有计税基础确定，不确认所得或损失；非股权支付部分，确认所得或损失

（四）个人所得税

1.税率

（1）综合所得（全年应纳税额）：七级超额累进税率。

（2）综合所得（预扣预缴）：

①工资薪金所得：预扣率同全年应纳税额的七级超额累进税率。

②劳务报酬：预扣率为三级超额累进预扣率（20%、30%、40%）。

③稿酬、特许权使用费：预扣率20%。

（3）经营所得：五级超额累进税率。

（4）财产租赁所得：20%（个人出租住房10%）。

（5）财产转让所得、利息股息红利所得、偶然所得：20%。

2.计税依据

情形		计税依据详细规定
综合所得	全年应纳税额	全年应纳税额=（全年收入额-60 000元-专项扣除-专项附加扣除-依法确定的其他扣除-捐赠）×适用税率-速算扣除数 （1）收入额：工资薪金收入全额计入，劳务报酬、特许权使用费所得按80%计入，稿酬所得按56%计入收入额。 （2）专项附加扣除，按全年符合条件的月份数计算，与是否工作无关。 （3）依法确定的其他扣除包括企业年金、个人购买符合规定的商业健康保险（限额200元/月）、个人养老金（限额12 000/年）
综合所得	预扣预缴——工资薪金	本期应预扣预缴税额=（累计预扣预缴应纳税所得额×预扣率-速算扣除数）-累计已预扣预缴税额 累计预扣预缴应纳税所得额=累计收入-累计减除费用-累计专项扣除-累计专项附加扣除-累计依法确定的其他扣除 （1）累计收入、累计减除费用（除特殊规定）、累计专项附加扣除，均按纳税人在"本单位"符合条件的月份数计算。 （2）累计减除费用的特殊规定： ①一年内首次参加工作，可直接按5 000元/月乘以"当年截至本月的月份数（按自然月）"计算。 ②上年在同一单位任职，且全年工资薪金收入未超过6万元的，1月份起直接按照6万元减除。 （3）适用的预扣率表同全年应纳税额

续表

情形		计税依据详细规定
综合所得	预扣预缴——劳务报酬、稿酬、特殊权使用费	（1）收入额： ①每次收入不超过4 000元的：收入额=收入–800。 ②每次收入4 000元以上的：收入额=收入×（1–20%）。 （2）稿酬所得的收入额外再乘70%。 （3）劳务报酬所得采用三级超额累进预扣率：预扣预缴税额=收入额×预扣率–速算扣除数。 （4）稿酬、特许权使用费所得适用20%预扣率：预扣预缴税额=收入额×20%
经营所得		（1）没有综合所得的，允许减除费用60 000元、专项扣除、专项附加扣除以及依法确定的其他扣除。 （2）不得扣除的项目与企业所得税规定类似。 （3）个体工商户生产经营与个人、家庭生活混用难以分清的费用，其40%视为与生产经营有关费用，准予扣除（另外60%不得扣除）。 （4）业主本人工资薪金不得扣除，业主本人的补充养老和补充医疗保险、三项经费，以当地上年社平工资的3倍为计算基数
财产租赁所得		每次（月）应纳税额=应纳税所得额×20%（个人出租住房税率10%）。 应纳税所得额的确定： （1）每次（月）收入不超过4 000元的： 应纳税所得额=每次（月）收入–相关税费–转租租金（如有）–修缮费用（800元为限）–800元 （2）每次（月）收入超过4 000元的： 应纳税所得额=［每次（月）收入–相关税费–转租租金（如有）–修缮费用（800元为限）］×（1–20%）
财产转让所得		应纳税额=（收入总额–财产原值–合理费用）×20% 提示：（1）上市公司股票转让所得暂不征税。 （2）拍卖所得，财产原值无法准确确定，按收入的3%计算个税；海外回流文物，按2%计算。 （3）个人转让满五唯一住房，免税；个人换购住房，可申请退税

情形	计税依据详细规定
利息股息红利、偶然所得	应纳税额=收入×20% （1）上市公司差别化股息红利征免规定： ①持股期限超过1年的，免税。 ②持股期限在1个月以内（含1个月）的，全额计税。 ③持股期限在1个月以上至1年（含1年）的，减半计税。 （2）彩票、发票中奖免税规定： ①福利彩票、体育彩票一次中奖收入不超过10 000元的，免税；超过10 000元的，全额征税。 ②有奖发票单张奖金不超过800元的，免税；超过800元的，全额征税

3.捐赠扣除

项目	具体规定
据实扣除	对特定事项捐赠：红十字、教育事业、老年服务机构、公益性青少年活动场所、地震灾区等。 特定公益组织：宋庆龄基金会、中华健康快车等
限额扣除	通过公益性社会组织等向扶贫、济困的捐赠，不超过应纳税所得额30%的部分可以扣
不得扣除	直接捐赠，不得扣除

提示：可以在综合所得、经营所得、分类所得中扣除，由纳税人自行选择。

4.特殊规定

项目	具体规定
全年一次性奖金	全年一次性奖金除以12，找税率（适用综合所得月度税率表）。 应纳税额=全年一次性奖金×适用税率−速算扣除数 提示： （1）可选择暂不并入综合所得，单独计税。 （2）在一个纳税年度内，该计税办法只允许采用一次
股票期权所得	（1）授予时，不征税；行权时，扣除实际购买价低于购买日公平市场价（股票当日收盘价）的差额，按"工资、薪金所得"征税。 （2）股票期权取得全额单独计税，适用年度综合所得税率表。 计算公式为：应纳税额=股权激励收入×适用税率−速算扣除数 （3）行权日之前将股票期权转让的，以转让净收入，按"工资、薪金所得"征税；行权后的股票再转让时的所得，适用转让股票的征免规定

（五）土地增值税

1.税率

级数	增值额与扣除项目金额的比率	税率	速算扣除系数
1	不超过50%的部分	30%	0
2	超过50%~100%的部分	40%	5%
3	超过100%~200%的部分	50%	15%
4	超过200%的部分	60%	35%

2.计税依据

计算公式：土地增值税应纳税额=增值额×适用税率－扣除项目金额×速算扣除系数

情形	计税依据详细规定
收入	（1）不含增值税（差额征税的价税分离需要用减法）。 （2）含视同销售收入，按自己同地区同期同类平均，没有的按市场或评估价
扣除项目——房企卖新房	（1）项目1（考虑开发比例、销售比例）：地价款。 ①房企包括买地时缴纳的契税。 ②土地闲置费不得扣。 （2）项目2（考虑销售比例）：开发成本。 包含土地征用（含耕地占用税）、拆迁补偿、前期工程、建筑安装工程（装修费可扣；质保金看发票）、基础设施、公共配套设施、开发间接费用。 （3）项目3：开发费用。 公式一：利息（不含罚息等）＋（项目1+项目2）×5%以内。 公式二：（项目1+项目2）×10%以内。 （4）项目4：转让税金。 （5）项目5：加计扣除=（项目1+项目2）×20%（非房企卖新房不含此项目）
扣除项目——卖旧房	（1）项目1：地价款（如果给出就扣，不给不考虑）。 （2）项目6：旧房及建筑物评估价。 ①有评估价的：评估价格=重置成本价×成新度折扣率。 ②无评估价的：按购房发票金额×（1+5%×年限）。 提示：满12个月计1年；超过1年，满6个月不满12个月，视为1年。 （3）项目4：转让税金。 无评估价的，购房时缴纳的契税计入此项目扣除。

（六）资源税和环境保护税

1.资源税

情形	计税依据详细规定
销售额	（1）不含增值税。 （2）销售（自用）原矿的，按原矿税率；销售（自用）选矿的，按选矿税率。 （3）符合条件的运杂费用（已包含在销售额中的），允许从销售额中扣减。 （4）开采油田以及油田运输用于加热的原油天然气、煤炭企业因安全生产开采的煤层（成）气，免税
已税外购资源产品的扣减	（1）原矿+原矿卖原矿的，选矿+选矿卖选矿的，从销售额中直接扣减购进金额。 （2）原矿+原矿卖选矿的，按下列公式从销售额中扣减： 准予扣减的购进金额=外购原矿购进金额×（原矿税率÷选矿税率）
视同销售	视同销售情形按下列顺序确定销售额： （1）自己同期同类平均。 （2）他人同期同类平均。 （3）按后续加工非应税产品销售价格，减去后续加工环节的成本利润后确定。 （4）组成计税价格： 组成计税价格=成本×（1+成本利润率）÷（1-资源税税率）
减征项目	（1）低丰度油气田开采的原油、天然气资源税减征20%。 （2）高含硫天然气、三次采油和从深水油气田开采的原油、天然气资源税减征30%。 （3）稠油、高凝油资源税减征40%。 （4）从衰竭期矿山开采的矿产品，资源税减征30%。 （5）页岩气减征30%。 （6）充填开采置换的煤炭，减征50%。 提示：上述优惠可以和小规模纳税人"六税两费"减半征收的优惠同时享受

2.环境保护税

情形	计税依据详细规定
大气污染物、水污染物（监测数据法）	污染当量数=该污染物的排放量÷该污染物的污染当量值（大气取前三；水污染物第一类前五，其他类前三） 提示：有违法违规情形的，以大气污染物、水污染物的产生量作为排放量
固体废物	固体废物的排放量=产生量-综合利用量-贮存量-处置量 提示：综合利用的固体废物享受免税

续表

情形	计税依据详细规定
噪声	按超过国家规定标准的分贝数确定每月税额。 提示：噪声源一个月内超标不足15天的，减半计征
不征税项目	（1）向依法设立的污水集中处理、生活垃圾集中处理场所排放应税污染物的，不征税。 （2）在符合国家和地方环境保护标准的设施、场所贮存或者处置固体废物的，不征税。 （3）达到省级人民政府确定的标准并且有污染物排放口的畜禽养殖场，依法对畜禽养殖废弃物进行综合利用和无害化处理的
减征项目	（1）浓度值低于规定标准30%，减按75%。 （2）浓度值低于规定标准50%，减按50%。 提示： （1）低于排放标准的比例=（标准排放浓度–实际排放浓度）÷标准排放浓度。 （2）上述优惠可以和小规模纳税人"六税两费"减半征收的优惠同时享受

附录二——小税种提分宝

房产土地相关税种（5个税）

要素/税种	房产税		城镇土地使用税		耕地占用税		契税		土地增值税	
	基础必背	提分必背	基础必背	提分必背	基础必背	提分必背	基础必背	提分必背	基础必背	提分必背
征税对象/范围	城市、县城、建制镇、工矿区的房产（不包括农村）	有屋面和围护结构的房产	城市、县城、建制镇、工矿区的土地（不包括农村）		占用耕地从事非农业建设	1.耕地范围：园地、林地、草地、农田水利用地、养殖水面、渔业水域滩涂 2.建设直接为农业生产服务的生产设施，不征税	包括：1.出让、转让、房屋买卖 2.作价投资入股、以房抵债或实物交换房屋 3.划转、奖励、赠与 4.房产互换 5.共有不动产份额发生增加或减少、法院宣判等	征税范围不包括：1.土地承包和土地经营权的经营权的转移 2.以个人房产作价入股本人独资经营的企业	包括：1.转让国有土地使用权 2.房和地一并转让 3.存量房地产买卖 4.房地产交换（单位之间） 5.除两类特殊情形之外的赠与 6.合作建房、建成后转让的	征税范围不包括：1.土地使用权出让 2.房地产继承 3.个人交换住房，经核实的 4.直系亲属或赡养义务人赠与和公益性赠与 5.合作建房，建成后按比例分房自用 6.出租、代建、重新评估、抵押期间等，权属未转移的不征

续表

房产土地相关税种（5个税）

要素/税种	房产税		城镇土地使用税		耕地占用税		契税		土地增值税	
	基础必背	提分必背	基础必背	提分必背	基础必背	提分必背	基础必背	提分必背	基础必背	提分必背
纳税义务人	一般情况：房屋产权的所有人	特殊情形：1.产权归国家：经营管理单位 2.产权出典：承典人 3.产权人不在、纠纷未解决，共有：使用人或代管人 4.无租使用：使用人	一般情况：拥有土地使用权的单位和个人	特殊情形：1.拥有者不在、使用权未确定或纠纷未解决：实际使用人 2.共有的：共有各方 3.承租集体建设用地：承租人	实际占用耕地的单位和个人	1.经批准的：审批文件中的建设用地人 2.文件未明确的：用地申请人 3.未经批准：实际占用用地人	产权承受方		转让方、出售方、出赠人等	

续表

房产土地相关税种（5个税）

要素/税种	房产税 基础必背	房产税 提分必背	城镇土地使用税 基础必背	城镇土地使用税 提分必背	耕地占用税 基础必背	耕地占用税 提分必背	契税 基础必背	契税 提分必背	土地增值税 基础必背	土地增值税 提分必背
计税依据	1.从价：原值减除一定比例后的余值 2.从租：租金收入	1.从价：原值包括地价款、附属设施和配套设施，不得扣折旧 2.投资联营：（1）共担风险从价（2）收取固定收入、不承担风险从租 3.融资租赁：由承租人从价缴纳 4.单独建造的地下建筑（自用从价）：工业打5~6折；商业及其他：打7~8折	实际占用的土地面积	1.已测定的：测定面积 2.未测但有证：土地证面积 3.未证也无证：自行申报，待发证再调整	实际占用耕地的面积		1.出让、买卖：为合同确定的价格 2.划转奖励赠与：参照市场价格核定 3.房地产互换：支付的差价	1.土地使用权出、转让，房屋买卖：包括全部经济利益（已装修房屋，装修费要计入）2.房地产作价投资入股、抵债，以实物交换房屋：支付的全部经济利益 3.划拨改为出让：补缴的出让价款 4.转让划拨地上房产：划拨地性质未改：成交价格；性质改变：补缴的出让金加成交价格	增值额=应税收入−扣除项目 扣除项目包括：1.取得土地使用权所支付的金额 2.房地产开发成本 3.房地产开发费用 4.税金及附加 5.加计扣除（仅适用于房企卖新房）6.旧房及建筑物：	（1）有评估价：评估价格=重置成本×成新度折扣率（2）无评估但有购房发票：扣除金额=购房发票金额×（1+使用年限×5%）

续表

房产土地相关税种（5个税）

要素/税种	房产税		城镇土地使用税		耕地占用税		契税		土地增值税	
	基础必背	提分必背	基础必背	提分必背	基础必背	提分必背	基础必背	提分必背	基础必背	提分必背
税率	1.从价：1.2% 2.从租：12%（优惠税率4%）	1.个人出租住房：4% 2.企事业单位社会团体向个人、专业化规模化住房租赁企业出租住房：4%	定额税率	1.经济落后地区，单位税额可降低不超过30% 2.经济发达地区，单位税额提高须报批	定额税率	1.人均耕地低于0.5亩，提高不超过50% 2.占用基本农田，按150%征收	3%~5%幅度税率	1.购买经济适用房减半征收 2.家庭唯一住房：≤90平方米1%，其他1.5% 3.第二套住房：≤90平方米1%，其他2%（北上广深除外）	四级超率累进税率（背）	

续表

房产土地相关税种（5个税）

要素/税种	房产税		城镇土地使用税		耕地占用税		契税		土地增值税	
	基础必背	提分必背	基础必背	提分必背	基础必背	提分必背	基础必背	提分必背	基础必背	提分必背
应纳税额计算	1.从价应纳税额=房产原值×(1-扣除比例)×1.2% 2.从租应纳税额=租金收入×12%/4%	1.从价计征纳税义务不足一年时要按月份数分摊 2.一年中既有从价、又有从租的情形，分段计算	全年应纳税额=实际占用应税土地面积（平方米）×适用税额	单独建造的地下建筑： 1.按证书面积，无证书的按垂直投影面积 2.减按50%征收。	应纳税额=应税土地面积×适用税额	基本农田应纳税额=应税土地面积适用税额×150%	应纳税额=计税依据×税率		应纳税额=增值额×适用税率-扣除项目金额×速算扣除系数	

续表

房产土地相关税种（5个税）

要素/税种	房产税		城镇土地使用税		耕地占用税		契税		土地增值税	
	基础必背	提分必背	基础必背	提分必背	基础必背	提分必背	基础必背	提分必背	基础必背	提分必背
纳税义务发生时间	1.一般：次月 2.原有房产用于生产经营：当月（之月）	1.自建新房：建成次月 2.委托建房：验收次月 3.购置新建房：交付次月 4.购置存量房：办证次月 5.出租出借房：交付次月 6.自用出租出借商品房：交付次月	1.一般：次月 2.新征用耕地：征用满1年时	1.购置新建房：交付次月 2.购置存量房：办证次月 3.出租出借：交付次月 4.取得土地使用权：合同约定月，合同未约定：签订次月	1.纳税义务发生：收到自然资源主管部门书面通知的当日 2.30日内申报纳税	1.改变用途：改变用途当日 2.未经批准改变用途或占用：经认定当日 3.损毁：经认定损毁当日	签订土地、房屋权属转移合同的当日或取得合同凭证的当日	1.法院、仲裁生效法律文书权属转移的：法律文书生效当日 2.改变用途补缴：改变使用用途或改变条件当日 3.需要办理权属登记的，登记前纳税；不需要办理权属登记，90日内纳税	1.合同签订后的7日内申报纳税 2.应当清算的： (1)全部竣工、完成销售 (2)整体转让未竣工项目 (3)转让土地使用权 3.可以要求清算的：	(1)转让面积比例85%以上，或未达85%但剩余已自用或出租 (2)预售许可证已满3年未销售完 (3)注销税务登记

车辆船舶和关税（4个税）

要素／税种	车辆购置税 基础必背	车辆购置税 提分必背	车船税 基础必背	车船税 提分必背	船舶吨税 基础必背	船舶吨税 提分必背	关税 基础必背	关税 提分必背
征税对象／范围	汽车、有轨电车、汽车挂车、排气量超过150ml的摩托车	不包括：地铁、轻轨、装载机、平地机、挖掘机、推土机、起重机（吊车）、叉车、电动摩托车	需要登记及无须登记的机动车辆和船舶	1.包括：乘用车、客车、货车、专用作业车、专用机械车、轮式专用机械车、机动船舶（非机动驳船和游艇）2.不包括：纯电动乘用车、燃料电池乘用车和拖拉机	自境外进入境内港口的船	包括中国国籍的船舶	进出境的货物、物品	
纳税义务人	购置应税车辆的单位和个人	购置，指以购买、进口、自产、受赠、获奖或者其他方式取得并自用应税车辆的行为	所有人或管理人	1.境内单位和个人租入外国籍船舶，不征 2.境内单位和个人将船舶出租到境外，征收	船舶负责人			1.进口货物：收货人 2.出口货物：发货人 3.进出境物品：推定所有人

续表

车辆船舶和关税（4个税）

要素/税种	车辆购置税		车船税		船舶吨税		关税	
	基础必背	提分必背	基础必背	提分必背	基础必背	提分必背	基础必背	提分必背
计税依据	1.购买自用：实际支付给销售方的全部价款（不含增值税） 2.进口自用：进口组成计税价格=关税完税价格+关税+消费税 3.自产自用：纳税人同类应税车辆（序列号号相同）售价 4.受赠、获奖或其他方式：购置应税车辆时相关凭证载明价格		关于计税单位的规定 1.每辆：乘用车、客车、摩托车 2.整备质量每吨：货车、专用作业车、轮式专用机械车 3.净吨位每吨：机动船舶 4.艇身长度每米：游艇		净吨位	拖船按照发动机功率每千瓦折合0.67吨折算净吨位	1.货价+运费+保费 2.保费无法确定或未发生时：保费=（货价+运费）×3‰	1.计入计税依据的： (1)除购货佣金之外的佣金和经纪费。 (2)视为一体的容器费。 (3)包装材料费和包装劳务费。 (4)有关的材料、零部件、工具、模具，境外设计研发费等。 (5)有关的特许权使用费。 (6)转售、处置或附加收益 2.不计入计税依据的： (1)进口后建设、安装、转配、维修或技术援助费（保修费除外）。 (2)起卸后的运费、保费。 (3)进口关税及国内税。 (4)境内复制进口货物的费用。 (5)技术培训及境外考察费。 (6)利息费用。 (7)购货佣金

续表

车辆船舶和关税（4个税）

要素/税种	车辆购置税		车船税		船舶吨税		关税	
	基础必背	提分必背	基础必背	提分必背	基础必背	提分必背	基础必背	提分必背
税率	10%		单位税额		定额税率	1.税率按照期限划分为1年、90日、30日三种 2.税率分为优惠税率和普通税率。优惠税率适用于中国国籍船舶、有最惠国待遇国家款的船舶	最惠国税率、协定税率、特惠税率、普通税率、配额税率、暂定税率	1.最惠国税率：最惠国条款待遇的WTO成员国，最惠国待遇国家、我国 2.协定税率：有关税优惠条款的区域性贸易协定国家 3.特惠税率：有特殊关税优惠条款贸易协定国家 4.普通税率：除上述以外国家、原产地不明
应纳税额计算	应纳税额＝计税依据×10%	1.补税应纳税额＝初次办理纳税申报时的价格×（1-已使用年限×10%）×10%-已纳税额 2.退税应退税额＝已纳税额×（1-使用年限×10%）	年应纳税额＝计税依据×单位税额	1.应纳税额＝（年应纳税额÷12×应纳税月份数 2.挂车、拖船、非机动驳船（"拖、驳、挂"）减半	应纳税额＝船舶净吨位×定额税率	拖船、驳船减半征收	应纳税额＝计税依据×税率	

续表

车辆船舶和关税（4个税）

要素/税种	车辆购置税		车船税		船舶吨税		关税	
	基础必背	提分必背	基础必背	提分必背	基础必背	提分必背	基础必背	提分必背
纳税义务发生时间	购置应税车辆相关凭证上注明的时间	1.购买自用：相关价格凭证开具日 2.进口自用：海关进口增值税专用缴款书开具日 3.自产、受赠、获奖自用：取得之日，即合同、法律文书效力生效或其他开具凭证之日	取得所有权或管理权的当月	从事交强险保险业务的保险机构为扣缴义务人，扣缴后在交强险保单和发票上注明已收税款，作为代收税款凭证有	进入港口的当日	1.在办理入境手续时，向海关申报纳税，领取吨税税款执照 2.填发吨税缴款凭证之日起15日内缴清款	1.进口货物：运输工具申报进境之日起14日内 2.出口货物：装货的24小时以前	自海关填发税款缴款书之日起15日内

资源环保（2个税）

要素/税种	资源税		环境保护税	
	基础必背	提分必背	基础必背	提分必背
征税对象/范围	1.五大类税目：能源矿产、金属矿产、非金属矿产、水气矿产、盐 2.水资源税（试点）	1.能源矿产：原油、天然气、煤、地热等（不包括成品油和人造石油） 2.金属矿产：分为黑色金属和有色金属 3.非金属矿产：分为矿物类、岩石类和宝石类 4.水汽矿产：包括二氧化碳气、矿泉水 5.盐：包括天然卤水	大气污染物、水污染物、固体废物、噪声	1.大气污染物：不包括二氧化碳 2.水污染物 3.固体废物：煤矸石、尾矿、危险废物、粉煤灰、炉渣 4.噪声：只包括工业噪声
纳税义务人	1.在我国领域及海域开发应税资源的单位和个人 2.直接取用地表、地下水的单位和个人（不包括从海洋中取水）	1.进口不征、出口不退 2.除了以自产应税资源品用于连续生产应税产品之外，其他自产自用都应视同销售	直接向环境排放应税污染物的单位	下列项目不属于直接排污，不交税： 1.向污水集中处理、生活垃圾集中处理场所排放 2.在符合国家和地方标准的设施场所贮存、处置固体废物 3.对畜禽养殖废物进行综合利用和无害化处理

续表

要素/税种	资源环保（2个税）			
	资源税		环境保护税	
	基础必背	提分必背	基础必背	提分必背
计税依据	应税产品的销售额或销售量（绝大部分资源产品均从价计征）	1.销售额不含增值税 2.符合条件的运杂费用允许扣减 3.视同销售没有自己和他人同类价格时，用组成计税价格=成本×（1+成本利润率）÷（1-资源税率） 4.外购已税应税产品买价的扣除： （1）"原+原=原"或"选+选=选"，直接扣。 （2）原+原=选，按公式扣：准予扣除的金额=外购原矿金额×（原矿税率÷选矿税率）。	1.大气污染物、水污染物：污染当量数 2.固体废物：排放量 3.工业噪声：超标分贝数	1.大气污染物、水污染物污染当量数=排放量÷污染当量值 有下列情形之一的，以大气、水污染物的产生量为排放量： （1）未安装监测设备或设备未联网。 （2）损毁或移动、改变设备。 （3）篡改、伪造数据。 （4）暗管、渗井、渗坑、灌注或稀释违法排放 （5）虚假申报 2.固体废物排放量=产生量-综合利用量-贮存量-处置量 有下列情形之一的，以产生量作为排放量： （1）非法倾倒。 （2）虚假申报
税率		开采生产不同税目或不同产品的，分别核算；未分别核算，从高	定额税率	
缴款期限	1.按月计算，按季申报 2.不能按定期限缴纳的，按次申报			

续表

要素/税种	资源环保（2个税）			
	资源税		环境保护税	
	基础必背	提分必背	基础必背	提分必背
应纳税额计算	应纳税额=销售额（量）×适用税率（税额）		1.大气、水污染物：污染当量数×单位税额 2.固体污染物：排放量×单位税额 3.噪声：超过标准分贝数对应的适用税额	1.大气污染物：对前三类征收 2.水污染物：第一类水污染物，前五类征收；其他类水污染物，前三类征收 3.噪声：一个月内超标不超过15天，减半征收
纳税义务发生时间	1.销售：收讫销售款或取得索取销售款凭据的当日 2.自用：移送当日		排放当日	
缴款期限	1.按月计算，按季申报 2.不能按固定期限缴纳的，按次申报			

飞越必刷题篇

必刷客观题

第一模块　税法总论

一、单项选择题

1　下列各项描述中，属于税法基本原则的是（　　　）。

A.实体法从旧，程序法从新

B.层次高的法律优于层次低的法律

C.根据纳税人的真实负担能力决定纳税人的税负

D.同一层次的法律中，特别法优于普通法

第1记　**99记** 知识链接

2　下列税法要素中，能够区别一种税与另一种税的重要标志是（　　　）。

A.征税对象

B.税率

C.纳税义务人

D.税目

第2记　**99记** 知识链接

3　下列各项税收法律法规中，属于部门规章的是（　　　）。

A.《中华人民共和国印花税法》

B.《上海市开展对部分个人住房征收房产税试点的暂行办法》

C.《中华人民共和国税收征收管理法实施细则》

D.《中华人民共和国增值税暂行条例实施细则》

第3记　**99记** 知识链接

4　下列关于中央政府与地方政府分享税收收入的表述中，正确的是（　　　）。

A.国内增值税收入50%归中央，50%归地方

B.国内消费税收入50%归中央，50%归地方

C.企业所得税收入50%归中央，50%归地方

D.印花税收入60%归中央，40%归地方

第4记　**99记** 知识链接

二、多项选择题

5　下列关于税法原则的表述中，正确的有（　　　）。

A.新法优于旧法原则属于税法基本原则

B.税收效率原则要求税法的制定要有利于资源的有效配置和经济体制的有效运行

C.根据纳税人的真实负担能力决定纳税人的税负，体现了税法原则中的税收公平原则

D.税法适用原则中的法律优位原则明确了税收法律的效力高于税收行政法规的效力

第1记　**99记** 知识链接

6　下列税种中，适用比例税率的有（　　　）。

A.车辆购置税

B.土地增值税

C.烟叶税

D.车船税

第2记　**99记** 知识链接

7　下列税种中，由海关系统负责征收和管理的税种有（　　　）。

A.进口小汽车的车辆购置税

B.关税

C.船舶吨税

D.入境船舶的车船税

第4记　**99记** 知识链接

第二模块 增值税法

一、单项选择题

8 纳税人在境内向境内企业或个人提供的下列服务中，免征增值税的是（　　）。

A.科技公司转让域名

B.邮政部门提供邮政代理服务

C.电信公司提供卫星电视信号落地转接

D.证券投资基金管理人运用基金买卖股票

第5记 **99记** 知识链接

9 纳税人发生的下列行为中，按照"金融服务"计征增值税的是（　　）。

A.为客户提供经营租赁服务

B.为客户提供信托管理服务

C.取得受托拍卖的佣金收入

D.预收单用途卡持卡人充值的资金

第5记 **99记** 知识链接

10 下列各项业务中，应当缴纳增值税的是（　　）。

A.某公司将外购的一批货物分配给股东

B.药厂销售自产创新药后，后续提供给患者免费使用的相同自产创新药

C.物业管理单位代收的住宅专项维修资金

D.个人转让企业债券

第5记、第6记、第7记、第19记 **99记** 知识链接

11 境内单位和个人发生的下列跨境应税行为中，适用增值税零税率的是（　　）。

A.向境外单位转让的完全在境外使用的技术

B.向境外单位提供的完全在境外消费的电信服务

C.在境外提供的广播影视节目播映服务

D.无运输工具承运业务的经营者提供的国际运输服务

第9记 **99记** 知识链接

12 增值税一般纳税人发生的下列应税行为中，应按照全额确定销售额计征增值税的是（　　）。

A.融资性售后回租服务

B.银行处置抵债不动产

C.提供劳务派遣服务选择适用简易计税方法

D.商业银行提供贷款服务

第11记 99记 知识链接

13 某经营金融业务的公司为一般纳税人，2024年第二季度转让债券卖出价为100 000元，该债券买入价为70 000元；因持有另一上市公司股票取得股息30 000元。2024年第一季度转让金融商品亏损5 000元，2023年转让金融商品亏损20 000元，则2024年第二季度该业务应缴纳增值税（　　）。

A.283.02元　　　　　　B.1 415.09元　　　　　　C.1 981.13元　　　　　　D.3 113.21元

第11记 99记 知识链接

14 一般纳税人进口货物取得的海关进口专用缴款书上，既有代理进口单位名称，又有委托进口单位名称的，允许由（　　）抵扣进项税款。

A.委托进口单位

B.委托进口单位和代理进口单位双方同时

C.委托进口单位和代理进口单位其中取得缴款书原件的一个单位

D.代理进口单位

第12记 99记 知识链接

15 增值税一般纳税人发生的下列行为中，不得抵扣进项税额的是（　　）。

A.将外购货物对外投资

B.将外购货物用于免税项目

C.将外购货物无偿赠送给客户

D.将外购货物用于抵偿债务

第13记 99记 知识链接

16 某先进制造业增值税一般纳税人，2024年5月的销项税额为57万元，当期可以抵扣的进项税额为50万元。该企业可以享受加计抵减优惠政策，无期初留抵税额，加计抵减期初余额为1万元。该企业2024年5月应缴纳的增值税是（　　）。

A.1万元　　　　　　B.3.5万元　　　　　　C.4.5万元　　　　　　D.6万元

第14记 99记 知识链接

17　某制造业增值税一般纳税人2024年4月拟申请增值税留抵退税。经审核，其2019年4月至2024年3月取得的进项税额中，增值税专用发票1 000万，机动车销售统一发票200万，海关进口增值税专用缴款书400万，农产品收购发票400万。在此期间因发生非正常损失，上述已抵扣的进项税中，有100万进项税额按规定进行了进项税额转出。该纳税人申请留抵退税时，进项构成比例为（　　　）。

A.95%　　　　　　　　B.80%　　　　　　　　C.78.95%　　　　　　　　D.70%

第14记　99记 知识链接

18　某自营出口生产企业是增值税一般纳税人，出口货物的征税率为13%，退税税率为10%。2024年3月内销货物不含税销售额400万元，出口货物销售额折合人民币200万元。当月进料加工出口货物耗用的保税料件金额为100万元，当月购进原材料取得的增值税专用发票上注明的进项税额为66万元，假设无上期留抵税额，该企业2024年3月应退税额是（　　　）。

A.1万元　　　　　　　B.8万元　　　　　　　C.10万元　　　　　　　D.20万元

第18记　99记 知识链接

19　2023年1月1日起，对于增值税小规模纳税人发生的各项业务，下列说法正确的是（　　　）。

A.销售自己使用过的固定资产，可以减按1%征收增值税

B.发生的应税销售行为，均可选择享受减按1%征收率征收的税收优惠

C.以1个月为纳税期限且月销售额未超过10万元的，除销售不动产外的其他项目免征增值税

D.在判断小规模纳税人免税政策是否适用时，对于适用增值税差额征税的项目，以差额后的金额确定销售额

第19记　99记 知识链接

20　纳税人提供的下列服务中，可免征增值税的是（　　　）。

A.高新技术企业提供的技术转让服务

B.动物诊疗机构提供的动物清洁服务

C.保险公司提供的半年期人身保险服务

D.职业培训机构提供的非学历教育服务

第19记　99记 知识链接

21　下列关于纳税人虚开增值税专用发票和善意取得虚开增值税专用发票处理的表述中，正确的是（　　　）。

A.开票方未就其虚开金额申报并缴纳增值税的，应按规定给予处罚而无须补缴增值税

B.经认定属于善意取得虚开增值税专用发票的，对受票方不以偷税或者骗取出口退税论处且不加征滞纳金

C.经认定属于善意取得虚开增值税专用发票的，受票方准予抵扣进项税额

D.开票方已就其虚开金额申报并缴纳增值税的，不再给予处罚

第20记　99记 知识链接

二、多项选择题

22 下列各项业务中，属于增值税征税范围中"建筑服务"的有（　　）。

A.配备操作人员的建筑施工设备出租服务　　B.宽带初装服务

C.工程勘察勘探服务　　D.仓储服务

第5记 99记 知识链接

23 下列各项收入中，属于增值税征税范围中"现代服务"的有（　　）。

A.注册会计师考试培训服务收入

B.道路通行服务收入

C.机票逾期未消费取得的逾期票证收入

D.采取焚烧方式进行专业化垃圾处理后，产生的货物归受托方所有的服务费收入

第5记 99记 知识链接

24 企业发生的下列行为中，需要计算缴纳增值税的有（　　）。

A.取得的与销售新能源车数量挂钩的财政补贴收入

B.资金存放银行取得的利息收入

C.销售白酒收取的未逾期包装物押金

D.融资性售后回租业务中承租方出售资产的行为

第5记、第11记 99记 知识链接

25 下列行为中，属于增值税征收范围的有（　　）。

A.汽车销售公司销售其代销的某品牌小汽车

B.电脑生产企业将自产新型电脑用于集体福利

C.航空公司根据国家指令无偿提供航空运输服务

D.房产公司购入执罚部门拍卖的罚没房产再销售

第7记 99记 知识链接

26 下列应税服务适用6%增值税税率的有（　　）。

A.转让土地使用权

B.销售现场制作的食品

C.通过省级土地行政主管部门设立的交易平台转让补充耕地指标

D.提供增值电信服务

第9记 99记 知识链接

27　下列应税货物或应税服务中，一般纳税人可以选择适用增值税简易计税方法计税的有（　　　）。

A.公共交通运输服务

B.从事再生资源回收的纳税人销售其收购的再生资源

C.提供旅游服务

D.提供文化体育服务

第16记　**99记** 知识链接

28　关于增值税一般纳税人的涉税事项，说法正确的有（　　　）。

A.采取以旧换新方式销售金银首饰，以销售方实际收取的不含增值税的全部价款确定销售额

B.采取销售折扣方式销售商品，应以折扣前的金额确定销售额

C.采用一般计税方法计税的项目，因销售折让退还给购买方的金额，按规定开具红字增值税专用发票的，应冲减销售当期的销售额

D.取得小规模纳税人开具的增值税专用发票，进项税额不得抵扣

第11记、第12记　**99记** 知识链接

29　以下出口业务中，适用于增值税"免、抵、退"税办法的有（　　　）。

A.生产企业对外提供修理修配劳务

B.外贸企业收购货物后委托其他企业代理出口

C.生产企业进料加工出口的货物

D.生产企业出口自产货物

第18记　**99记** 知识链接

30　下列情形中的增值税专用发票，应列入异常凭证范围的有（　　　）。

A.纳税人丢失的税控设备中已开具并上传的增值税专用发票

B.经国家税务总局大数据分析发现纳税人未按规定缴纳消费税的增值税专用发票

C.非正常户纳税人未向税务机关申报缴纳税款的增值税专用发票

D.经国家税务总局大数据分析发现纳税人涉嫌虚开的增值税专用发票

第20记　**99记** 知识链接

第三模块　消费税法

一、单项选择题

31 企业生产销售的下列产品中，应缴纳消费税的是（　　）。

A.电动汽车　　　　　B.绝缘油　　　　　C.燃料电池　　　　　D.高尔夫球包

第21记 99记 知识链接

32 下列应税消费品中，除了在生产销售环节征收消费税外，还应在批发环节征收消费税的是（　　）。

A.高档手表　　　　　B.电子烟烟弹　　　　　C.白酒　　　　　D.超豪华小汽车

第21记 99记 知识链接

33 企业发生的下列经营行为中，应当同时缴纳增值税和消费税的是（　　）。

A.汽修厂从境外进口轮胎

B.4S店销售大型商用客车

C.电子烟批发企业销售电子烟给零售商

D.金饰加工厂生产批发金基首饰

第21记 99记 知识链接

34 某批发兼零售的卷烟销售公司，2024年6月批发销售牌号卷烟100箱（每箱50 000支），取得不含增值税销售额200万元、销项税额26万元；零售牌号卷烟20箱（每箱50 000支），取得含增值税销售额56.5万元。该公司6月应缴纳消费税（　　）。

A.22万元　　　　　B.24.5万元　　　　　C.27.5万元　　　　　D.30.5万元

第23记 99记 知识链接

35 下列关于消费税计税依据的规定中，说法正确的是（　　）。

A.纳税人通过自设非独立核算门市部销售自产应税消费品，应当按照移送时的销售额或者销售数量征收消费税

B.卷烟生产企业销售给烟草公司的卷烟，生产企业的计税价格高于烟草公司对外销售价格70%以上的，税务机关暂不核定消费税最低计税价格

C.金银首饰连同包装物销售的，无论包装物是否单独计价，均应并入金银首饰的销售额，计征消费税

D.带料加工的金银首饰，按照收取的加工费和辅料费作为计税依据征收消费税

第23记 99记 知识链接

36　下列关于委托加工应税消费品的规定中，正确的是（　　）。

A.如果受托方没有按规定代收代缴消费税，由受托方补缴税款

B.委托加工应税消费品的计税依据为委托方同类消费品的销售价格

C.受托方在交货时已代收代缴消费税，委托方收回后直接出售的，不再征收消费税

D.受托方以委托方名义购进原材料生产的应税消费品按照委托加工应税消费品处理

第24记　99记　知识链接

37　下列产品中，在计算缴纳消费税时准许扣除外购应税消费品已纳消费税的是（　　）。

A.外购已税珠宝玉石生产的金银镶嵌首饰　　　B.外购已税黄酒陈酿生产的黄酒

C.外购已税烟丝生产的雪茄烟　　　D.已税汽油连续加工生产的成品油

第26记　99记　知识链接

二、多项选择题

38　下列商品中，目前属于消费税征税范围的有（　　）。

A.铅蓄电池　　　B.变压器油　　　C.白包卷烟　　　D.人造宝石首饰

第21记　99记　知识链接

39　纳税人将自产的消费税应税产品用于下列情形时，应当征收消费税的有（　　）。

A.用于广告　　　B.用于赞助　　　C.用于偿债　　　D.用于职工福利

第23记　99记　知识链接

40　消费税纳税人销售货物一并收取的下列款项中，应计入消费税计税依据的有（　　）。

A.白酒生产企业向商业企业收取的独立核算的品牌使用费

B.由承运人开具发票给购买方，纳税人转交发票给购买方而收取的代垫运费

C.销售白酒收取的包装物押金

D.价外收取的返还利润

第22记　99记　知识链接

41　下列关于消费税的相关表述中，正确的有（　　）。

A.电子烟、卷烟在批发环节均采用复合计征方式征税

B.国内汽车生产企业直接将超豪华小汽车零售给消费者，消费税按照生产环节和零售环节加总计算

C.通过代加工方式生产电子烟的，在委托加工收回时受托方应代收代缴消费税

D.白酒生产企业的计税价格低于销售单位对外售价的70%时，税务机关应核定最低计税价格

第21记、第23记　99记　知识链接

42　企业出口的下列应税消费品中，属于消费税出口免税并退税范围的有（　　　）。

A.生产企业委托外贸企业代理出口的应税消费品

B.有出口经营权的生产企业自营出口的应税消费品

C.有出口经营权的外贸企业购进用于直接出口的应税消费品

D.有出口经营权的外贸企业受其他外贸企业委托代理出口的应税消费品

第27记　99记　知识链接

43　下列关于消费税纳税义务发生时间的表述中，正确的有（　　　）。

A.纳税人委托加工的应税消费品，其纳税义务的发生时间为纳税人提货当天

B.纳税人采取分期收款结算方式的，其纳税义务发生时间为收讫销售款的当天

C.纳税人采取预收货款结算方式的，其纳税义务的发生时间为发出应税消费品的当天

D.进口应税消费品，其纳税义务发生时间为海关审定进口价格的当天

第27记　99记　知识链接

44　下列关于消费税纳税地点的表述中，正确的有（　　　）。

A.委托个体工商户加工的应税消费品，由委托方在收回后向其机构所在地主管税务机关申报缴纳消费税税款

B.进口的应税消费品，由进口人或者其代理人向报关地海关申报纳税

C.纳税人到外县（市）销售自产应税消费品的，应向销售地的税务机关申报纳税

D.纳税人总分支机构不在同一县（市），但在同一省范围内，由市级税务机关审批同意后汇总缴纳消费税

第27记　99记　知识链接

第四模块　其他小税种

一、单项选择题

45 下列关于城市维护建设税计税依据的表述中，正确的是（　　）。

A.污水处理收入享受增值税即征即退政策退还的增值税，应退还已缴纳的城市维护建设税

B.对出口产品退还增值税的，应退还已缴纳的城市维护建设税

C.期末留抵退税退还的增值税税额，应从城市维护建设税的计税依据中扣除

D.纳税人违反增值税、消费税有关规定被加收的滞纳金应计入城市维护建设税的计税依据

第28记　99记　知识链接

46 位于县城的甲企业2024年5月实际缴纳增值税350万元（其中包括进口环节增值税50万元）、消费税530万元（其中包括由位于市区的乙企业代收代缴的消费税30万元）。则甲企业本月应向所在县城税务机关缴纳的城市维护建设税为（　　）。

A.40万元　　　　　　B.41.5万元　　　　　　C.42.5万元　　　　　　D.44万元

第28记　99记　知识链接

47 某生产企业位于市区，具有出口经营资质。2024年5月税务机关核准免抵的税额是5 000元，享受增值税留抵退政策退还增值税45 000元。6月纳税申报期实际申报缴纳增值税600 000元。该企业当月应缴纳的城市维护建设税为（　　）。

A.38 850元　　　　　B.39 200元　　　　　C.42 350元　　　　　D.42 000元

第28记　99记　知识链接

48 甲烟厂为增值税一般纳税人，2024年5月9日在乙地收购烟叶500公斤，每公斤收购价200元，另支付价外补贴3万元，已开具烟叶收购发票。甲烟厂于6月9日收到该批烟叶。下列表述正确的是（　　）。

A.甲烟厂的纳税义务发生时间为6月9日

B.甲烟厂应向机构所在地的税务机关申报缴纳烟叶税

C.甲公司应自行缴纳的烟叶税为2.2万元

D.甲公司应在纳税义务发生月终了之日起10日内申报纳税

第30记　99记　知识链接

49 从原产于与我国共同适用最惠国待遇条款的世界贸易组织成员国进口的货物，应适用的关税税率类型为（　　）。

A.协定税率   B.特惠税率   C.普通税率   D.最惠国税率

第31记 **99记** 知识链接

50 下列关于进口货物关税的税率形式和适用规则，说法正确的是（　　）。

A.原产于我国的货物适用特惠税率

B.最惠国税率优先于暂定税率

C.按照普通税率征税的进口货物，不适用暂定税率

D.适用协定税率、特惠税率的进口货物有暂定税率的，适用暂定税率

第31记 **99记** 知识链接

51 进口货物到达前，经海关核准先行申报的，应适用的关税税率是（　　）。

A.海关接受该货物申报进口之日实施的税率

B.装载该货物的运输工具申报进境之日实施的税率

C.海关放行之日实施的税率

D.货物到达我国港口之日实施的税率

第31记 **99记** 知识链接

52 某演出公司进口舞台设备一套，实付金额折合人民币185万元，其中包含货价174万元、单独列明的进口后的设备装配费8万元、中介经纪费3万元；另支付运抵我国入关地前的保险费0.6万元，海关按同类货物同期同程运输成本审查核定的运费25万元。假定关税税率20%，该公司进口舞台设备应缴纳的关税为（　　）。

A.37.12万元   B.39.92万元   C.40.4万元   D.40.52万元

第32记 **99记** 知识链接

53 纳税人发现多缴纳的关税，可以自缴纳税款之日起（　　）内要求退还。

A.6个月   B.1年   C.3年   D.5年

第35记 **99记** 知识链接

54 下列关于船舶吨税的说法中，正确的是（　　）。

A.可选择的吨税执照期限有30日、90日、180日及1年

B.相同净吨位的船舶，吨税执照期限越长，适用的单位税额越低

C.非机动驳船按相同净吨位船舶税额的50%计征税款

D.因防疫隔离上下客货的船舶，免征船舶吨税

第36记 **99记** 知识链接

55 下列从境外进入我国港口的船舶中，免征船舶吨税的是（　　）。

A.养殖渔船

B.非机动驳船

C.拖船

D.吨税执照期满后24小时内上下客货的船舶

第36记　知识链接

56 下列各项关于车船税的表述中，正确的是（　　）。

A.游艇按照净吨位每吨作为计税单位

B.挂车按照货车税额的50%计算征收

C.征税范围中的货车不包括三轮汽车

D.商用货车按每辆作为计税单位

第37记　知识链接

57 某企业2024年1月缴纳了5辆客车的车船税，其中一辆9月被盗，已办理车船税退还手续；11月由公安机关找回并出具证明，企业补缴了车船税，假定该类型客车年基准税额为480元/辆，该企业2024年实际缴纳的车船税总计为（　　）。

A.1 920元 　　　　　　B.2 320元 　　　　　　C.2 400元 　　　　　　D.2 280元

第37记　知识链接

58 下列车船中，免征车船税的是（　　）。

A.纯电动乘用车 　　　　　　　　　　B.燃料电池商用车

C.半挂牵引车 　　　　　　　　　　　D.混凝土搅拌运输车

第37记　知识链接

59 下列车辆中，属于车辆购置税征税范围的是（　　）。

A.挖掘机 　　　　　B.城市地铁 　　　　　C.载货汽车 　　　　　D.拖拉机

第38记　知识链接

60 下列人员中，属于车辆购置税纳税义务人的是（　　）。

A.应税车辆的捐赠者

B.应税车辆的获奖者

C.应税车辆的出口者

D.应税车辆的销售者

第38记　知识链接

61 甲汽车生产企业2024年4月将自产的小汽车1辆用于经营活动，已知同型号小汽车的成本为10万元，成本利润率为15%，消费税税率为5%，市场销售价格为不含增值税20万元。当月该企业接受股东捐赠小货车2辆自用，该小货车购置凭证上注明每辆价格为不含增值税10万元，该小货车市场销售价格为每辆不含增值税11万元。甲汽车生产企业当月应缴纳的车辆购置税为（　　）。

A.3.21万元　　　　　　B.4万元　　　　　　C.4.2万元　　　　　　D.5万元

第38记 **99记** 知识链接

62 下列单位或个人，属于印花税纳税人的是（　　）。
A.拍卖成交确认书的拍卖人
B.签订动产买卖合同的个人
C.在国外书立技术转让合同，在国内使用的单位
D.签订资金同业拆借合同的银行

第40记 **99记** 知识链接

63 下列合同中，属于印花税征税范围的是（　　）。
A.国家电网与用户之间签订的供用电合同
B.融资租赁合同
C.人身保险合同
D.法律咨询合同

第40记 **99记** 知识链接

64 关于印花税的计税依据，下列说法中正确的是（　　）。
A.财产保险合同以所保财产的金额为计税依据
B.融资租赁合同以合同所载租金总额为计税依据
C.运输合同以运费和装卸费为计税依据
D.借款合同以本息合计金额为计税依据

第40记 **99记** 知识链接

65 下列行为中，应缴纳资源税的是（　　）。
A.珠宝企业进口天然宝石用于加工首饰
B.煤炭企业以开采的原煤用于连续生产洗选煤
C.企业开采二氧化碳气直接销售
D.煤炭开采企业因安全生产需要而抽采的煤层气

第42记、第43记 **99记** 知识链接

66 下列关于资源税减征优惠的说法中，正确的是（　　）。

A.从衰竭期矿山开采的矿产品，资源税减征40%

B.对开采共伴生矿、低品位矿，资源税减征30%

C.对深水油气田开采的原油、天然气，资源税减征20%

D.对低丰度油气田开采的原油、天然气，资源税减征20%

第43记 99记 知识链接

67 某纺织企业生产过程中染料污水排放量为200吨，根据测定和当地环保标准，该企业排放污水的色度为超标10倍。已知应税水污染物环境保护税税额标准为每污染当量2元，色度水污染物的污染当量值为5吨水·倍，该企业应缴纳的环境保护税为（　　）。

A.800元　　　　　　　B.400元　　　　　　　C.4 000元　　　　　　　D.2 000元

第43记 99记 知识链接

68 下列关于环境保护税的说法中，正确的是（　　）。

A.纳税人排放的应税大气污染物的浓度值低于国家和地方规定的污染物排放标准30%的，减按70%征收环境保护税

B.环境保护税收入全部归属于地方政府

C.环境保护税税率为统一比例税率

D.环境保护税的纳税地点为纳税人的机构所在地

第41记 99记 知识链接

69 下列排放的应税污染物中，应缴纳环境保护税的是（　　）。

A.机动车排放的汽车尾气

B.建筑队施工产生的噪声

C.工业企业向依法设立的污水集中处理场所排放应税污染物

D.工业企业达标排放的冶炼渣

第45记、第46记 99记 知识链接

二、多项选择题

70 下列各项中，应作为城市维护建设税计税依据的有（　　）。

A.纳税人被稽查查补的增值税、消费税

B.纳税人受托加工应税消费品而代收代缴的消费税

C.纳税人异地预缴的增值税税额

D.纳税人因向境外单位和个人购买服务代扣代缴的增值税

第28记 99记 知识链接

71 下列进口货物价款中单独列明的各项费用，应计入关税完税价格的有（   ）。

A.境外技术培训费用

B.设备进口后的保修费用

C.设备进口后的维修费

D.由买方负担的包装劳务费用

第32记   **99记** 知识链接

72 下列关于跨境电子商务零售进口税收政策的表述中，正确的有（   ）。

A.跨境电子商务零售进口商品的单次交易限值为人民币5 000元，个人年度交易限值为人民币20 000元

B.在限额内进口的跨境电子商务零售进口商品，关税税率暂设为0%

C.在限额内进口的跨境电子商务零售进口商品，免征进口环节增值税、消费税

D.跨境电子商务零售进口商品自海关放行之日起30日内退货的，可申请退税，并相应调整个人年度交易总额

第33记   **99记** 知识链接

73 下列进出口货物，免征关税的有（   ）。

A.关税税额在人民币50元以下的一票货物

B.在海关放行前遭受损坏的货物

C.具有一定商业价值的广告品

D.进出境运输工具装载的途中必需的饮食用品

第34记   **99记** 知识链接

74 下列关于关税征收管理的说法中，正确的有（   ）。

A.暂时免税进境的货物无须提供担保，但应在12个月之内复运出境

B.关税纳税人应自海关填发缴款书之日起15日之内缴纳税款

C.海关少征税款的，应当自发现少征之日起1年内，向纳税义务人补征税款

D.进口货物，应自运输工具申报进境之日起14日内申报关税

第35记   **99记** 知识链接

75 下列车船中，免征车船税的有（   ）。

A.辅助动力帆艇

B.武警专用车船

C.国家综合性消防救援专用船舶

D.客货两用汽车

37记   **99记** 知识链接

76　下列关于车辆购置税计税依据的说法中，正确的有（　　　）。

　　A.购买自用应税车辆，应以发票电子信息中注明的不含增值税价格作为计税依据

　　B.自产自用应税车辆，应以组成计税价格作为计税依据

　　C.受赠自用应税车辆，应以同类车辆的市场平均价格作为计税依据

　　D.获奖自用应税车辆无法提供相关凭证的，参照同类车辆市场平均价格确定计税依据

第38记　99记　知识链接

77　2023年购置的下列车辆中，免征车辆购置税的有（　　　）。

　　A.设有固定装置的非运输专用作业车辆

　　B.城市公交企业购置的公共汽车

　　C.购置的纯电动汽车

　　D.回国留学人员现汇购买的1辆进口自用小汽车

第39记　99记　知识链接

78　下列合同中，应按照"产权转移书据"税目缴纳印花税的有（　　　）。

　　A.商品房销售合同

　　B.专有技术使用权转让合同

　　C.股权转让合同

　　D.专利申请权转让合同

第40记　99记　知识链接

79　下列合同或凭证，免征印花税的有（　　　）。

　　A.贴息贷款合同

　　B.军事货物运输合同

　　C.增值税小规模纳税人签订的租赁合同

　　D.农业保险合同

第41记　99记　知识链接

80　下列项目中，属于资源税征税范围的有（　　　）。

　　A.地热　　　　　　　B.草场　　　　　　　C.森林　　　　　　　D.海盐

第42记　99记　知识链接

81　根据资源税税目，下列应税产品中，属于能源矿产的有（　　　）。

　　A.天然气水合物　　　　　　　　　　B.天然油石

　　C.油页岩　　　　　　　　　　　　　D.铀

第42记　99记　知识链接

82 下列污染物中，属于环境保护税征收范围的有（　　）。

A.交通噪声   B.二氧化硫

C.煤矸石   D.氮氧化物

第45记 99记 知识链接

83 关于环境保护税的计税依据，下列说法正确的有（　　）。

A.应税噪声以产生的分贝数为计税依据

B.应税固体废物以固体废物排放量为计税依据

C.应税大气污染物以排放量为计税依据

D.应税水污染物以污染物排放量折合的污染当量数为计税依据

第45记 99记 知识链接

84 下列排放的应税污染物中，暂免征收环境保护税的有（　　）。

A.船舶排放的应税污染物

B.医疗机构排放的应税污染物

C.生活垃圾集中处理场所达标排放的应税污染物

D.规模化养殖企业达标排放的应税污染物

第46记 99记 知识链接

85 下列关于海洋工程排放应税污染物计征环境保护税的说法中，符合现行规定的有（　　）。

A.向海洋排放的生活污水按照其中化学需氧量排放量折合的污染当量数计征

B.向海洋排放的生产污水和机舱污水，按照其中石油类污染物排放量折合的污染当量数计征

C.向海洋排放生活垃圾的，按照排放量计征

D.向海洋排放的钻井泥浆和钻屑，按照其中总镉、总汞的污染物排放量折合的污染当量数计征

第46记 99记 知识链接

第五模块　房地产相关税种

一、单项选择题

86 下列单位占用的耕地中，应减征耕地占用税的是（　　）。

A.港口
B.幼儿园
C.养老院
D.省政府批准成立的技工学校

第47记 **99记** 知识链接

87 2024年3月农村居民刘某经批准占用普通耕地1 000平方米，将其中500平方米改造成为鱼塘用于人工养殖，100平方米建造配套鱼塘水池加热设备，另外400平方米用于新建鱼虾精细加工厂。刘某5月经批准搬迁，新建自用住宅占用普通耕地250平方米，其原宅基地面积200平方米。当地耕地占用税税额为8元平方米，农村居民刘某当年应缴纳耕地占用税为（　　）。

A.3 200元
B.1 700元
C.4 200元
D.5 200元

第47记 **99记** 知识链接

88 下列用地中，应缴纳城镇土地使用税的是（　　）。

A.盐矿的盐井用地
B.养殖业专业用地
C.军队训练用地
D.公园内茶社用地

第48记 **99记** 知识链接

89 某企业2023年初占用土地25 000平方米，其中企业办托儿所占地1 000平方米，厂区外的公共绿化用地200平方米，其余为生产经营用地；6月购置厂房一处，占地2 000平方米。该企业所在地城镇土地使用税税额为6元/平方米，则该企业2023年应缴纳城镇土地使用税为（　　）。

A.148 800元
B.150 000元
C.156 000元
D.154 800元

第48记 **99记** 知识链接

90 某公司2022年以5 000万元购得一处高档会所后加以改建，支出500万元在后院新建一露天泳池，支出500万元新增中央空调系统，拆除200万元的照明设施后支付500万元重新安装了智能照明系统，会所于2022年底改建完毕并于2023年1月1日对外营业。当地规定计算房产余值扣除比例为30%，2023年该会所应缴纳房产税为（　　）。

A.48.72万元　　　　　B.50.4万元　　　　　C.52.92万元　　　　　D.69.6万元

第50记 99记 知识链接

91 某公司办公大楼原值30 000万元，2023年3月31日将其中部分闲置房间出租，租期2年。出租部分房产原值6 000万元，租金每年800万元。当地规定房产税原值的减除比例为20%，2023年该公司应缴纳房产税为（　　）。

A.320万元　　　　　B.340.8万元　　　　　C.316.8万元　　　　　D.360万元

第50记 99记 知识链接

92 下列关于房产税纳税义务发生时间的说法中，正确的是（　　）。

A.纳税人购置存量房的，自房屋交付使用之次月起缴纳房产税

B.房地产开发企业出租本企业建造的商品房，自房屋交付之次月起缴纳房产税

C.纳税人将原有房产用于生产经营，自生产经营之次月起缴纳房产税

D.纳税人购置新建商品房的，从建成之日的次月起缴纳房产税

第51记 99记 知识链接

93 下列行为中，应当缴纳契税的是（　　）。

A.公租房经营企业购买住房作为公租房

B.个人以自有房产投入本人独资经营的企业

C.企业将自有房产与另一企业的房产等价交换

D.企业以自有房产投资于另一企业并取得相应的股权

第52记 99记 知识链接

94 下列关于契税优惠政策的表述中，正确的是（　　）。

A.某居民投资购买了一宗土地用于建造营利性学校，免征契税

B.某退休林场工人到某山区购买了一片荒丘用于经济林木培育，减半征收契税

C.企业之间互换房屋，应按换入房屋的市场价格缴纳契税

D.某居民购买一套96平方米的普通住房作为家庭唯一住房，可减按1.5%税率缴纳契税

第54记 99记 知识链接

95　2024年5月，某房地产开发公司销售自行开发的房地产30 000平方米，取得不含税销售额60 000万元；将5 000平方米用于抵顶供应商等值的建筑材料；将1 000平方米对外出租，取得不含税租金56万元。该房地产开发公司在计算土地增值税时的应税收入为（　　）。

A.60 000万元　　　　　B.60 056万元　　　　　C.70 000万元　　　　　D.70 056万元

第56记 99记 知识链接

96　下列行为中，需要缴纳土地增值税的有（　　）。

A.房地产的继承

B.个人之间互换自有居住用房

C.合作建房建成后分房自用

D.企业之间互换闲置厂房

第55记、第57记 99记 知识链接

二、多项选择题

97　下列耕地占用的情形中，需要缴纳耕地占用税的有（　　）。

A.运煤专用铁路占用耕地　　　　　　　B.城区内机动车道占用耕地

C.军用输电线路占用耕地　　　　　　　D.水利工程占用耕地

第47记 99记 知识链接

98　下列关于城镇土地使用税的表述中，正确的有（　　）。

A.城镇土地使用税采用有幅度的差别税额，每个幅度税额的差距为20倍

B.经批准开山填海整治的土地和改造的废弃土地，从使用的月份起免征城镇土地使用税10~20年

C.经济落后地区，城镇土地使用税的适用税额标准可适当降低，但降低额不得超过规定最低税额的30%

D.对在城镇土地使用税征税范围内单独建造的地下建筑用地，暂按应征税款的50%征收城镇土地使用税

第48记 99记 知识链接

99　下列情形中，应该从价计征房产税的有（　　）。

A.单位出租地下人防设施的

B.融资租赁的房产用于生产经营的

C.在合同约定免租期内的房产

D.无租使用房产管理部门房产的

第49记、50记 99记 知识链接

100 下列关于契税计税依据的表述中，正确的有（　　　）。

A.土地使用权及所附建筑物构筑物转让的，计税依据为承受方应交付的总价款

B.承受已装修房屋的，装修费用不应计入契税的计税依据

C.企业之间互换房屋的，非等价交换由支付差价的一方按差额作为契税的计税依据

D.土地使用权赠与，契税的计税依据为税务机关参照市场价格依法核定的价格

第53记 **99记** 知识链接

101 甲企业2016年3月以自有房产对乙企业进行投资并取得了相应的股权，合同约定投资金额为该房产的现值，即24 000万元，并办理了过户手续。5月丙企业以股权方式购买该房产并办理了过户手续，支付的股份价值为30 000万元。下列各企业计缴契税的处理中，正确的有（　　　）。

A.乙企业向丙企业出售房屋不缴纳契税

B.甲企业以房产投资的行为不缴纳契税

C.丙企业按30 000万元作为计税依据缴纳契税

D.乙企业从甲企业取得房屋按24 000万元作为计税依据缴纳契税

第53记 **99记** 知识链接

102 根据土地增值税相关规定，下列关于房地产项目土地增值税清算时扣除项目的表述中，正确的有（　　　）。

A.销售已装修房屋的，装修费用可以扣除

B.与清算项目配套的公共基础设施，建成后有偿出租的，成本费用准予扣除

C.回迁户支付给房地产开发区企业的补差价款，应抵减拆迁补偿费扣除项目的金额

D.计入房地产开发成本中的利息支出，不得扣除

第56记 **99记** 知识链接

第六模块　企业所得税法

一、单项选择题

103 甲居民企业2019年8月以800万元直接投资于乙居民企业，占有乙企业30％的股权。2023年6月取得乙企业分红款50万元，2023年12月将全部股权转让取得收入1 200万元，并完成股权变更手续。转让时乙企业账面累计未分配利润200万元。就上述所得甲企业2023年应确认的应纳税所得额是（　　）。

A.340万元　　　　　　B.390万元　　　　　　C.400万元　　　　　　D.450万元

第61记、第64记 知识链接

104 下列收入，应在收到当期一次性计入所属纳税年度的是（　　）。

A.接受捐赠收入

B.租金收入

C.收到的与销货数量相关的财政补贴

D.工期为两年的船舶制造收入

第59记 知识链接

105 某居民企业以其持有的一处房产投资入股一家居民企业，如不考虑特殊性税务处理，下列关于该投资行为涉及的企业所得税处理中正确的是（　　）。

A.以房产的账面价值作为被投资方的计税基础

B.以房产对外投资确认的转让所得，按6年分期均匀计入相应年度的应纳税所得额

C.应在签订投资协议的当天确认非货币资产转让收入

D.对房产进行评估，并按评估后的公允价值扣除计税基础后的余额确认房产的转让所得

第60记 知识链接

106 下列支出中，应增加固定资产计税基础的是（　　）。

A.固定资产的大修理支出

B.租入固定资产的改建支出

C.已足额提取折旧的固定资产的改建支出

D.接受捐赠固定资产的改建支出

第64记 知识链接

107 下列与资产相关的企业所得税处理的表述中，符合现行税法规定的是（　　）。

A.企业购买艺术收藏品在持有期间按照税法规定计提的折旧准予在税前扣除

B.外购的固定资产，自购入的次月起计算折旧在税前扣除

C.企业所得税核定征税期间投入使用的固定资产，改为查账征税后，不得计提折旧税前扣除

D.企业所得税核定征收改为查账征收后，资产的计税基础优先以发票载明的金额为准

第64记 99记 知识链接

108 下列业务活动所发生的支出中，可以享受研发费用加计扣除的是（　　）。

A.购置研发中心大楼并计提折旧　　　　　B.市场调查研究

C.研发活动相关的资料翻译　　　　　　　D.商品化后为顾客提供的技术支持

第66记 99记 知识链接

109 下列关于在海南自由贸易港注册成立并从事实质性运营的企业可享受的税收优惠的说法中，正确的是（　　）。

A.对鼓励类产业企业，减按10%的税率征收企业所得税

B.旅游业企业从境外新设分支机构取得的营业利润免征企业所得税

C.高新技术产业企业，从其当年新增的持股比例15%的境外子公司取得的分红免征企业所得税

D.企业自行建造研发大楼单位价值超过500万元的，可以采取加速折旧方法

第66记 99记 知识链接

110 下列企业中，符合条件的可以享受全部所得免征企业所得税的是（　　）。

A.农村饮水工程运营管理企业

B.污染防治第三方企业

C.设在西部地区的鼓励类产业企业

D.生产和装配伤残人员专门用品的企业

第66记 99记 知识链接

111 下列关于企业重组业务的所得税处理的表述中，正确的是（　　）。

A.企业分立采用一般性税务处理方法时，分立企业和被分立企业的亏损可以在一定限额内有条件相互结转弥补

B.企业合并采用一般性税务处理方法时，合并企业应按照账面价值确定接受被合并企业资产和负债的计税基础

C.企业分立采用特殊性税务处理方法时，分立企业接受被分立企业资产、负债的计税基础以其原有计税基础确定

D.企业合并采用特殊性税务处理方法时，被合并企业原有的税收优惠不得继续享受

第69记 99记 知识链接

112　在中国境内未设立机构、场所的非居民企业，计算企业所得税应纳税所得额所用的下列方法中，符合税法规定的是（　　）。

A.股息所得以收入全额为应纳税所得额

B.转让权益性投资资产所得以转让收入全额为应纳税所得额

C.租金所得以收入减去设备折旧后的余额为应纳税所得额

D.转让设备所得以转让收入减去设备原值后的余额为应纳税所得额

第68记 99记 知识链接

二、多项选择题

113　日本A集团总部位于东京，在我国境内未设立机构、场所，其取得的下列所得中，应在我国缴纳企业所得税的有（　　）。

A.在日本将一批货物销售给我国某企业

B.将一批机械设备出租给我国的某工程企业

C.将日本的一块商业用地转让给我国某房地产企业开发

D.将其持有的我国境内居民企业的股权转让给另一家日本企业

第58记 99记 知识链接

114　下列关于企业所得税收入确认时间的表述中，符合现行税法规定的有（　　）。

A.销售商品采取预收款方式的，在收到预收款时确认收入

B.长期为客户提供重复的劳务收取的劳务费，在收到劳务费时确认收入

C.为特定客户开发软件的收费，根据开发的完工进度确认收入

D.销售商品采用托收承付的，在办妥托收手续时确认收入

第59记 99记 知识链接

115　企业取得的下列各项收入中，应缴纳企业所得税的有（　　）。

A.未规定专项用途的财政补贴收入

B.销售白酒取得的逾期未退包装物押金收入

C.企业转让持有满一年的上市公司股票的收入

D.已作坏账损失处理后又收回的应收账款

第59记 99记 知识链接

116　企业发生的下列支出中，按照企业所得税法的规定可在税前扣除的有（　　）。

A.企业因延迟支付货款而支付的违约金　　　　B.非广告性赞助费用

C.企业之间支付的管理费　　　　　　　　　　D.按规定缴纳的财产保险费

第65记 99记 知识链接

117 下列企业处置资产的情形中，应按规定确定企业所得税应税所得的有（　　　　）。

A.将原用于办公的房产重新修缮用于职工食堂

B.将自产的产品移送至境外分支机构用于加工另一产品

C.将自产的化妆品小样用于市场推广

D.将原来自用的房产改变用途用于经营性出租

第60记 **99记** 知识链接

118 某民办学校计划按照非营利组织的免税收入认定条件，申请学费收入免征企业所得税。下列各项中，属于非营利组织免税收入认定条件的有（　　　　）。

A.工作人员工资福利开支控制在规定的比例内

B.投入人对投入该学校的财产不保留或者享有任何财产权利

C.依法履行非营利组织登记手续

D.财产及孳生息可以在合理范围内根据确定的标准用于分配

第61记 **99记** 知识链接

119 下列关于可转换债券转换为股权投资的税务处理的说法中，正确的有（　　　　）。

A.购买方将应收未收利息一并转换为股票的，该应收未收利息即使会计上未确认收入，税法上也应作为当期利息收入申报纳税

B.购买方应以债券买入价和支付的相关税费作为股票投资成本

C.发行方发生的可转换债券利息，可以按照规定在税前扣除

D.发行方企业按照约定将购买方持有的可转换债券和应付未付利息一并转为股票的，其应付未付利息视同已经支付，按照规定在税前扣除

第60记 **99记** 知识链接

120 下列项目所得，可以享受企业所得税"三免三减半"优惠政策的有（　　　　）。

A.环境保护项目所得

B.国家重点扶持的公共基础设施项目所得

C.节能节水项目所得

D.资源综合利用项目所得

第66记 **99记** 知识链接

第七模块 个人所得税法

一、单项选择题

121 个人取得的下列所得中，适用按年征收个人所得税的是（　　）。

A.个人代销彩票取得的所得

B.将房产以年租的方式出租取得的租金所得

C.转让房产取得的所得

D.持有股票取得的股息所得

第70记 99记 知识链接

122 个人取得的下列所得中，应确定为来源于中国境内所得的是（　　）。

A.在境外开展培训取得的所得

B.拥有的专利在境外使用而取得的所得

C.从境外上市公司取得的股息所得

D.将境内房产转让给外国人取得的所得

第71记 99记 知识链接

123 下列关于个人养老金的表述中，不符合最新个人养老金规定的是（　　）。

A.个人养老金的扣除限额为12 000元/年

B.个人实际缴纳的个人养老金，限额内的部分可以在实际缴费的次年扣除

C.个人养老金投资环节产生的投资收益暂不征收个人所得税

D.个人养老金在领取时，不并入综合所得，单独按照3%的税率计算缴纳个人所得税

第72记 99记 知识链接

124 下列关于个体工商户个人所得税的表述中，正确的是（　　）。

A.个体工商户业主的工资薪金支出可以据实扣除

B.购置单台价值在500万元以下研发专用仪器的费用允许在当期一次性扣除

C.实行核定征收的个体工商户，年应纳税所得额不超过200万元的部分，可享受减半征收个人所得税的优惠

D.用于家庭和个人的支出，其40%视为与生产经营有关的费用，准予扣除

第74记 99记 知识链接

125 下列关于企业年金的个人所得税处理的表述中，正确的是（　　）。

A.年金基金投资运营收益分配计入个人账户时，应并入当月工资缴纳个人所得税

B.个人按本人缴费工资计税基数的5%缴纳的年金，在计算个人所得税时可全额扣除

C.个人达到国家规定的退休年龄，领取的企业年金，并入综合所得计算应纳税款

D.单位为在本单位任职或者受雇的全体职工按规定标准缴付的企业年金单位缴费部分，在计入个人账户时，暂不缴纳个人所得税

第80记 99记 知识链接

126 某公司员工李某，在公司任职3年，2024年1月依法与公司解除劳动关系，获得经济补偿金180 000元，生活补助费10 000元。此外，当月取得正常工资收入19 000元，当地上年度职工年平均工资50 000元。不考虑专项扣除和专项附加扣除，李某1月应纳个人所得税（　　）。

A.1 480元

B.1 620元

C.1 900元

D.2 050元

第80记 99记 知识链接

127 某内地个人投资者于2024年6月通过深港通投资在香港联交所上市的H股股票，取得股票转让差价所得和股息红利所得。下列有关对该投资者股票投资所得计征个人所得税的表述中，正确的是（　　）。

A.股票转让差价所得按照10%的税率征收个人所得税

B.股息红利所得由H股公司按照10%的税率代扣代缴个人所得税

C.股票转让差价所得免予征收个人所得税

D.取得的股息红利由中国证券登记结算有限责任公司按照20%的税率代扣代缴个人所得税

第81记 99记 知识链接

128 下列关于企业员工取得与股票期权相关所得计征个人所得税的表述中，符合税法规定的是（　　）。

A.员工行权时的施权价与该股票当日收盘价之间的差额，暂不征税

B.员工行权后的股票再转让取得的收益，应按"工资、薪金所得"纳税

C.员工接受企业授予的股票期权时，以当日收盘价按"劳务报酬所得"纳税

D.员工因拥有股权而参与企业税后利润分配取得的所得，应按"利息、股息、红利所得"纳税

第80记 99记 知识链接

129　下列关于个人发生的公益性捐赠支出扣除的表述中，符合现行税法规定的是（　　）。

A.居民个人可自行决定在综合所得、分类所得、经营所得中扣除的公益捐赠支出的顺序

B.居民个人选择在工资、薪金中扣除的，应在年度汇算清缴时扣除，在预扣预缴时不得扣除

C.居民个人选择在稿酬所得中扣除的，可以选择在预扣预缴时扣除或年度汇算清缴时扣除

D.居民个人选择在经营所得中扣除的，只能在汇算清缴时扣除

第78记　**99记** 知识链接

二、多项选择题

130　居民个人取得的下列收入中，属于"劳务报酬所得"的有（　　）。

A.保险营销员取得的佣金收入

B.公司职工取得的用于购买企业国有股权的劳动分红

C.企业对非雇员以免费旅游形式给予的营销业绩奖励

D.仅担任董事而不在该公司任职的个人取得的董事费

第70记　**99记** 知识链接

131　对居民个人取得的下列所得，应按照"工资、薪金所得"项目计算缴纳个人所得税的有（　　）。

A.个人办理提前退休取得一次性补贴收入

B.个人股东从被投资企业无偿取得车辆所有权

C.已办理内部退养手续的个人从原任职单位取得收入

D.以单车承包方式运营的出租车驾驶员取得客货营运收入

第70记　**99记** 知识链接

132　下列关于个人所得税专项附加扣除时限的表述中，符合税法规定的有（　　）。

A.住房贷款利息，扣除时限最长不得超过240个月

B.同一学历继续教育，扣除时限最长不得超过48个月

C.3岁以下婴幼儿照护，扣除时间为出生次月至年满3周岁的当月

D.赡养老人，扣除时间为被赡养人年满60周岁的当月至赡养义务终止的月末

第72记　**99记** 知识链接

133　个人转让股权的下列情形中，税务机关可以核定股权转让收入的有（　　）。

A.转让方因遭遇火灾而无法提供股权转让收入的相关资料

B.转让方拒不向税务机关提供股权转让收入的有关资料

C.申报的股权转让收入明显偏低但有正当理由

D.未按规定期限申报纳税，且超过税务部门责令申报期限仍未申报

第76记　**99记** 知识链接

134 个人取得的下列所得中，免予征收个人所得税的有（　　　）。

A.企业职工李某领取原提存的住房公积金

B.个人达到法定退休年龄领取的年金

C.徐某持有某上市公司股票不足1年而取得的该上市公司年度分红

D.购买体育彩票中奖10 000元

第79记 99记 知识链接

135 个人取得的下列利息收入中，免征个人所得税的有（　　　）。

A.财政部发行国债的利息

B.个人储蓄存款的利息

C.企业发行公司债券的利息

D.国家发行金融债券的利息

第79记 99记 知识链接

136 下列属于纳税人需要办理综合所得年度汇算情形的有（　　　）。

A.从两处以上取得综合所得需要补税500元，且综合所得年收入为11万元

B.纳税人年度内取得工资薪金和劳务报酬所得共计12.8万元且补税金额为460元

C.纳税年度内预缴税款时未申报大病支出专项附加扣除，纳税人需要申请退税的

D.纳税人已预缴税额大于年度应纳税额但不准备申请退税的

第83记 99记 知识链接

第八模块　国际税收、税收征管、税务行政法制

一、单项选择题

137 OCED于2015年10月发布税基侵蚀和利润转移项目全部15项产出成果。下列各项中不属于该产出成果的是（　　）。

A.《防止税收协定优惠的不当授予》

B.《金融账户涉税信息自动交换标准》

C.《消除混合错配安排的影响》

D.《确保转让定价结果与价值创造相匹配》

第84记 **99记** 知识链接

138 某一协议的签署标志着当前世界上人口最多、经贸规模最大、最具发展潜力的自由贸易区正式启航，且这一协议在2022年1月1日正式生效。该协议是（　　）。

A.《税基侵蚀和利润转移行动计划》

B.《区域全面经济伙伴关系协定》

C.《多边税收征管互助公约》

D.《数字经济伙伴关系协定》

第84记 **99记** 知识链接

139 中国居民甲在新加坡从事独立个人劳务取得的所得，下列关于征税权的表述中，正确的是（　　）。

A.一般情况下，应仅在新加坡征税

B.一般情况下，中国和新加坡均有征税权

C.如果甲在任何12个月中在新加坡停留连续达到6个月，则新加坡有征税权

D.如果甲在任何12个月中在新加坡停留累计达到183天，则新加坡有征税权

第85记 **99记** 知识链接

140 下列各项因素中，不利于对申请人"受益所有人"身份判定的是（　　）。

A.申请人为缔约对方居民个人

B.缔约对方国家对有关所得征税但实际税率极低

C.申请人无义务在收到所得的12个月内将所得的50%以上支付给第三国居民

D.申请人从事不构成实质性经营活动的投资控股管理活动并从事显著的其他经营活动

第86记 **99记** 知识链接

141 境内机构对外支付下列外汇资金时，须办理和提交《服务贸易等项目对外支付税务备案表》的是（　　）。

A.境内机构在境外承包工程的工程款

B.境内机构在境外发生的商品展销费用

C.进口贸易项下境外机构获得的国际运输费用

D.我国区县级国家机关对外无偿捐赠援助资金

第87记 99记 知识链接

142 下列各项关于纳税申报管理的表述中，正确的是（　　）。

A.实行查账征收的纳税人，可以实行简易申报、简并征期等申报纳税方式

B.纳税人在纳税期内没有应纳税款的，不必办理纳税申报

C.纳税人因有特殊情况，不能按期进行纳税申报的，经县级以上税务机关批准，可以延期申报

D.主管税务机关根据纳税人实际情况及其所纳税税种确定的纳税申报期限不具有法律效力

第91记 99记 知识链接

143 下列关于税务机关在实施税收保全措施时应注意事项的表述中，符合税法规定的是（　　）。

A.经省级以上税务局局长批准后方可施行

B.可以采取税收保全措施的纳税人包括扣缴义务人和纳税担保人

C.税务机关可通知纳税人开户银行冻结其大于应纳税款的存款

D.解除保全措施的时间是收到税款或银行转回的完税凭证之日起1日内

第92记 99记 知识链接

144 下列有关企业破产清算程序中税收征管的表述中，正确的是（　　）。

A.企业所欠税款对应的滞纳金按照普通破产债权申报

B.企业因继续履行合同需要开具发票的，须由税务机关为其代开发票

C.企业所欠税款、滞纳金、罚款以实际解缴税款之日为截止日计算确定

D.在人民法院裁定受理破产申请之日至企业注销之日期间，企业应暂缓缴纳相关税款

第93记 99记 知识链接

145 下列关于纳税信用管理和修复的说法中，正确的是（　　）。

A.纳税人延迟纳税但已经补缴，失信行为尚未纳入纳税信用评价的，无须提出申请，税务机关按照修复标准和规定调整信用评价指标分值，并进行纳税信用评价

B.纳税信用修复完成后，纳税人按照修复后的纳税信用级别适用相应的税收政策和管理服务措施，之前的政策措施应作追溯调整

C.非正常户失信行为的纳税信用修复一个纳税年度内可重复申请

D.纳税人未按期办理纳税申报但已补办，失信行为已纳入信用评价的，应在失信行为被列入失信记录的当年年底前提出信用修复申请

第95记 99记 知识链接

146　对重大税收违法失信主体的相关信息自公布之日起满一定期限的，停止公布并从公告栏中撤出。该期限是（　　）。

A.1年　　　　　　　　B.2年　　　　　　　　C.3年　　　　　　　　D.10年

第95记 99记 知识链接

147　下列涉税服务项目的业务成果中，应当由承办业务的税务师、注册会计师或者律师签章的是（　　）。

A.纳税申报代理　　　　　　　　　　B.一般税务咨询

C.税收策划　　　　　　　　　　　　D.代理减免税申请

第95记 99记 知识链接

148　下列属于税务行政处罚的是（　　）。

A.冻结银行存款　　　　　　　　　　B.强制执行

C.停止出口退税权　　　　　　　　　D.加征滞纳金

第96记 99记 知识链接

149　下列关于税务行政处罚权设定的表述中，符合税法规定的是（　　）。

A.国家税务总局通过规章形式设定罚款的数额不得超过20万元

B.全国人大及其常委会可以通过法律形式设定各种税务行政处罚

C.省级税务机关可以设定2 000元以下的罚款

D.国家税务总局可以通过规章的形式设定除限制人身自由以外的税务行政处罚

96记 99记 知识链接

150　纳税人对税务机关作出的下列行政行为不服的，应当先向行政复议机关申请复议后，才可以向人民法院提起行政诉讼的是（　　）。

A.加收滞纳金　　　　　　　　　　　B.税收保全措施

C.强制执行措施　　　　　　　　　　D.处以税款50%的罚款

第97记 99记 知识链接

151　某县一加工企业因账簿不全，县级主管税务局对其核定征收企业所得税，企业认为核定数额过高，在双方协商无果的情况下，企业准备请求法律救济。下列关于企业的做法中正确的是（　　）。

A.加工企业可以直接向人民法院提起行政诉讼

B.加工企业可以向该县人民政府提起行政复议

C.加工企业应在复议决定做出后缴纳税款

D.加工企业和县级主管税务局可以在复议决定做出前达成和解

第97记、第98记、第99记 99记 知识链接

152 税务行政复议期间发生的下列情形中，应当终止行政复议的是（　　）。

A.作为申请人的公民被宣告失踪

B.行政复议机关因不可抗力原因暂时不能履行工作职责

C.作为申请人的公民死亡，其近亲属尚未确定是否参加行政复议

D.行政复议申请受理以后，发现其他行政复议机关已经先于本机关受理

第98记 **99记** 知识链接

153 在税务行政诉讼中，税务机关可享有的权利是（　　）。

A.应诉权

B.反诉权

C.起诉权

D.撤诉权

第99记 **99记** 知识链接

二、多项选择题

154 下列应被认定为构成常设机构的有（　　）。

A.缔约国一方企业在缔约对方承包工程作业持续时间在6个月以上的

B.在连续12个月内，缔约国一方企业派其雇员在缔约国另一方从事咨询服务累计停留时间超过183天的

C.缔约国一方企业在缔约国另一方专为本企业采购货物所设立的固定营业场所

D.缔约国一方企业通过专门从事代理业务的经纪人在缔约对方国为其签订合同

第85记 **99记** 知识链接

155 下列关于关联交易同期资料管理，说法正确的有（　　）。

A.同期资料包括主体文档、本地文档和特殊事项文档

B.主体文档应当在企业集团最终控股企业会计年度终了之日起12个月内准备完毕

C.年度无形资产所有权转让金额超过1亿元的，应准备主体文档

D.企业仅与境内关联方发生关联交易的，可以不准备同期资料

第90记 **99记** 知识链接

156 按照我国企业所得税法及相关规定，下列属于可抵免的境外所得税税额的有（　　）。

A.居民企业的境外分支机构在境外实际缴纳的企业所得税

B.居民企业的境外分支机构在境外因迟缴税款而加收的利息

C.居民企业来源于境外的股息在境外被源泉扣缴的预提所得税

D.居民企业的境外分支机构在境外已经计提但尚未缴纳的企业所得税

第88记 **99记** 知识链接

157　根据应对经济数字化税收挑战的双支柱中的支柱二方案中最低税率的说法中，正确的有（　　　）。

A.收入纳税规则中的最低税率为15%

B.低税支付规则中的最低税率为9%

C.低税支付规则中的最低税率为15%

D.应税规则中的最低税率为9%

第88记　**99记** 知识链接

158　下列属于税务机关实施特别纳税调查，应当重点关注的企业的有（　　　）。

A.高于同行业利润水平

B.存在长期亏损、微利或者跳跃性盈利

C.由居民企业在所得税实际税负为15%的国家设立的企业，且非由于合理的经营需要而对利润不作分配

D.关联交易金额较大或者类型较多

第89记　**99记** 知识链接

159　下列关于预约定价安排适用简易计税程序的说法中，正确的有（　　　）。

A.企业在主管税务机关送达《税务事项通知书》之日所属纳税年度前3个年度，每年度发生的关联交易金额4 000万元人民币以下的，可申请适用简易程序

B.简易程序包括申请评估、协商签署和监控执行三个阶段

C.符合关联交易金额条件的企业，在提交申请之日所属纳税年度前10个年度内，曾受到税务机关特别纳税调查调整且结案的，可申请适用简易程序

D.同时涉及两个或两个以上省级税务机关的单边预约定价安排，暂不适用于简易程序

第90记　**99记** 知识链接

160　根据《税收征收管理法》的规定，下列各项中，不得作为纳税保证人的有（　　　）。

A.税务登记不在本市的企业

B.有骗取出口退税行为被追究法律责任满2年的企业

C.有欠税行为的企业

D.纳税信用等级被评为C级以下的企业

第94记　**99记** 知识链接

161　纳税人发生的下列行为中，会被确定为"重大税收违法失信主体"有（　　　）。

A.进行虚假纳税申报，少缴应纳税款100万元以上的

B.采用转移财产的手段，妨碍税务机关追缴欠税，欠缴税款金额100万元以上的

C.虚开增值税专用发票的

D.虚开普通发票金额400万元以上的

第95记　**99记** 知识链接

162 纳税人的下列行为中，应由税务机关没收违法所得，处以1万元以上5万元以下罚款；情节严重的，处以5万元以上50万元以下罚款的有（ ）。

A.以其他凭证代替发票使用的

B.非法代开发票的

C.出售、泄露发票数据的

D.知道是非法取得的发票而受让发票的

第95记 99记 知识链接

163 下列有关税务行政处罚的听证程序，表述正确的有（ ）。

A.听证由本案调查机构人员主持

B.当事人必须亲自参加听证

C.听证应当公开进行，但涉及国家秘密、商业秘密或者个人隐私的除外

D.听证费用由组织听证的税务机关支付，不得由要求当事人承担

第96记 99记 知识链接

164 纳税人首次发生的清单所列事项，危害后果轻微，且在税务机关发现前主动改正或者在责令限期改正的期限内改正的，不予行政处罚。属于该清单范围的有（ ）。

A.未按规定期限办理纳税申报

B.未按规定报送全部银行账号

C.未按照规定缴销发票且有违法所得

D.未按规定设置代收代缴税款账簿

第96记 99记 知识链接

165 对下列事项进行行政复议时，申请人和被申请人在行政复议机关作出行政复议前可以达成和解的有（ ）。

A.行政赔偿   B.行政奖励

C.行政处罚   D.核定税额

第98记 99记 知识链接

必刷主观题

专题一 增值税法

166　某市一家外贸进出口公司为增值税一般纳税人，2024年8月发生以下业务：

（1）从国外进口中档护肤品一批，该批货物在国外的买价为200万元人民币，由进出口公司支付的购货佣金10万元人民币，运抵我国海关卸货前发生的运输费为30万元人民币，保险费无法确定。该批货物已报关，取得海关开具的增值税专用缴款书。

（2）从境内某服装公司采购服装一批，增值税专用发票上注明的价款和税金分别为80万元和10.4万元。当月将该批服装全部申报出口，离岸价格为150万元人民币。

（3）将2019年购置的一处位于外省某市的房产出租，预收一年的租金收入（含增值税）109万元。

（4）在公司所在地购置房产一处，会计上按固定资产核算，取得的增值税专用发票上注明的价款和税金分别为500万元和45万元。

（5）从某境外公司承租仪器设备一台，支付租金（含增值税）169.5万元人民币，扣缴税款并取得完税凭证。该境外公司所属国未与我国签订税收协定，且未在我国设有经营机构，也未派人前来我国。

（6）当月将业务（1）购进护肤品的98%对外销售，取得不含增值税的销售收入800万元；另外2%作为本公司职工的福利并发放。

（其他相关资料：假设服装的出口退税率为13%，进口中档护肤品的关税税率为10%，期初留抵税额为0，相关票据均已比对认证。）

要求：

根据上述资料，按照下列顺序计算回答问题，如有计算需计算出合计数。

（1）计算业务（1）应缴纳的进口关税。

（2）计算业务（1）应缴纳的进口环节增值税。

（3）简述业务（2）应采用何种出口退（免）税方式和计税依据，并计算出口退税额。

（4）计算业务（3）在不动产所在地应预缴的增值税和应预缴的城市维护建设税。

（5）简述业务（4）能否享受企业所得税固定资产一次性扣除政策并说明理由，并计算业务（4）允许抵扣的进项税额。

（6）计算业务（5）应扣缴的增值税。

（7）计算业务（5）应扣缴的企业所得税。

（8）计算业务（6）的增值税销项税额。

（9）计算当月允许抵扣的进项税额。

（10）计算该进出口公司当月进行纳税申报时合计应缴纳的增值税（不含预缴或扣缴的增值税）。

第7、9、11、12、15、17、18、32记　99记 知识链接

167 甲市某互联网企业为增值税一般纳税人，其2024年8月的经营业务如下：

（1）为甲企业提供软件研发服务，当月取得服务费收入价税合计金额212万元。为尽快回款，与甲企业约定若对方于8月31日付款，可享受2%的折扣。8月31日该企业收到207.76万元。

（2）为乙企业提供信息系统服务，合同约定价税合计金额为600万元，当月乙企业以其不含税单价为100万元的3台服务器抵偿服务款，并开具增值税专用发票，另外以现金方式支付服务款261万元。该企业当月按合同金额全额开具增值税专用发票。

（3）向境外单位提供的完全在境外消费的技术研发服务，取得收入240万元。

（4）出租本公司闲置服务器一批，不含增值税租金0.5万元/月，一次性预收10个月租金5万元，尚未开具发票。

（5）销售2021年8月购进的作为固定资产使用过的服务器1台，含税销售额为20万元并开具增值税专用发票；购进时已经抵扣进项税额。

（6）将一辆既用于公务经营又用作员工上下班的中巴车改变用途，仅作为员工班车。该车辆为2023年7月以不含税价40万元购入，截至2024年8月初，已计提折旧10万元。

（7）自二手车经销商企业购进一辆二手车，作为公务用车，支付含税金额为30万元，并取得增值税专用发票。

（8）当月员工出行发生的费用如下：

①支付桥、闸通行费，通行费发票注明收费1.05万元。

②支付本单位员工出差机票费用，取得注明身份的航空运输电子客票行程单，行程单上注明票价10万元，燃油附加费0.9万元，民航发展基金0.5万元。

③支付本员工出差住宿费用，增值税专用发票上注明价款4万元。

④支付本单位员工出差餐费，取得增值税普通发票上注明的价税合计金额为2.12万元。

⑤支付外部审计师报销的机票价款，取得航空运输电子客票行程单，行程单上注明票价0.5万元，燃油附加费0.045万元。

（其他相关资料：所有业务均取得合法抵扣凭证，且取得的增值税专用发票均由一般纳税人开具，该企业无期初留抵税额。）

要求：

根据上述资料，按照下列顺序计算回答问题，如有计算需计算出合计数。

（1）简述业务（1）中的折扣能否从销售额中扣除，并计算业务（1）的销项税额。

（2）简述该互联网企业对于业务（2）应如何进行增值税处理，并计算业务（2）的销项税额。

（3）判断业务（3）是否需要缴纳增值税，并说明理由。

（4）计算业务（4）的销项税额。

（5）计算业务（5）的销项税额。

（6）计算业务（6）应转出的进项税额。

（7）计算业务（7）的进项税额。

（8）业务（8）可抵扣的进项税额。

（9）计算该当期允许抵扣的进项税额（考虑进项税额转出）。

（10）计算当期增值税应纳税额。

第9、10、11、12、13、16记 99记 知识链接

168　位于市区的某集团企业（非高新技术企业）为增值税一般纳税人，2024年8月经营业务如下：

（1）采用分期收款方式向A公司销售机器设备，合同约定含税金额400万元，8月收取货款的60%，9月收取剩余40%。由于A公司资金紧张截至8月31日只收到50%货款。

（2）采用直接收款方式向B公司销售机器设备，同时提供安装服务。合同约定机器设备含税金额200万元，安装服务含税金额10万元。该公司选择采用税负最低的处理方式。

（3）对安装运行后的机器设备提供日常维保服务取得含税金额110万元。

（4）当月将其拥有的某上市公司限售股在解禁流通后对外转让，相关收入和成本情况如下：

股数	初始投资成本（元/股）	IPO发行价（元/股）	售价（元/股）
100 000	3.20	2.82	5.00

（5）2月初取得某国有银行发放的年利率4%的贷款，将贷款中的3 000万元以4%年利率借给下属全资子公司。8月从下属子公司取得利息收入60万元，向银行支付了贷款利息100万元，取得增值税普通发票。同时向银行支付了与该笔贷款直接相关的手续费120万元，取得了增值税专用发票。

（6）支付给境外某公司特许权使用费，扣缴相应税款并取得税收缴款凭证，合同约定的特许权使用费含税金额为人民币100万元。

（7）除上述业务涉及的进项税额外，当月申报抵扣的增值税专用发票上其他进项税额合计135万元。

（8）2019年4月至2024年8月取得的进项税额中，增值税专用发票5 240万元，国内旅客运输服务电子普通发票308万元，海关进口增值税专用缴款书440万元，解缴税款完税凭证172万元。此期间该纳税人进项税额转出金额共计150万元。

（其他相关资料：进口机器设备关税税率为10%；期初留抵税额为100万元，2019年3月31日期末留抵税额为108万元；该企业符合留抵退税的条件，不考虑税收协定影响；上述业务均已取得合规票据并认证通过。）

要求：

根据上述资料，按照下列顺序计算回答问题，如有计算需计算出合计数。

(1)　计算业务（1）的销项税额。

(2)　简要说明业务（2）应如何进行增值税处理，并分别计算业务（2）的销项税额和应纳税额。

(3)　简要说明业务（3）的增值税征税项目，并计算其销项税额。

(4)　计算业务（4）的销项税额。

(5)　简要说明业务（5）中取得的利息收入是否需要缴纳增值税，以及支付的贷款利息和手续费是否可以抵扣进项税额。

(6)　计算业务（6）应代扣代缴的增值税、城市维护建设税和教育费附加。

(7)　分别计算当月的销项税额和可以抵扣的进项税额。

(8)　计算当月增值税应纳税额。

(9)　分别计算当月的期末留抵税额和增量留抵税额。

(10)　企业拟在当月申报期内申请留抵退税，计算该企业的进项构成比例。

第5、8、9、11、13、14、17、28、32、67记　📝记 知识链接

169 位于县城的某白酒生产集团为增值税一般纳税人，2024年8月生产经营业务如下：

（1）采用预收款方式销售自产A型白酒60吨，每吨不含增值税售价2.6万元，共计应收含税销售额176.28万元，当月发货50吨，剩余10吨尚未发货。

（2）以自产的10吨A类白酒换入甲企业的蒸汽酿酒设备，取得甲企业开具的增值税专用发票上注明价款20万元、增值税2.6万元。已知A类白酒的生产成本为1万元/吨，不含增值税平均销售价格为2万元/吨，不含增值税最高销售价格为2.7万元/吨。

（3）销售一台使用过的酿酒设备，当年采购该设备时按规定未抵扣进项税额，取得含税金额20.6万元，开具了增值税专用发票。

（4）转让位于外省某县城的一处房产，取得含税收入300万元，该房产于2015年3月份购置，取得的购房发票上注明金额120万元，该业务选择简易计税方法。

（5）外购食用酒精50吨，每吨不含税价0.8万元，取得的增值税专用发票上注明金额40万元、税额5.2万元；取得的运输业增值税专用发票上注明运费金额5万元、税额0.45万元。月末盘存时发现，由于管理不善当月购进的酒精被盗2.5吨，经主管税务机关确认作为损失转营业外支出处理。

（6）当月自农户处购得一批粮食，开具了农产品收购发票，注明买价10万元。当月已将该批粮食全部领用用于酿造白酒。

（7）当月将一台设备以1 800万元（与公允价值相等）的价格销售给某租赁公司，同时，又签订一份租赁合同将该设备租回，约定每年支付租金200万元，租赁期10年。

（8）当期已取得增值税专用发票但无法划分用途的进项税额共计20万元

（其他相关资料：白酒消费税税率20%加0.5元/500克，无期初留抵税额。）

要求：

根据上述相关资料，按照下列顺序计算回答问题，如有计算需计算出合计数。

(1) 计算业务（1）的销项税额。

(2) 计算业务（2）的销项税额。

(3) 简述业务（3）应如何缴纳增值税，并计算增值税应纳税额。

(4) 计算业务（4）应预缴的增值税和城市维护建设税。

(5) 计算业务（5）允许抵扣的进项税额。

(6) 计算业务（6）允许抵扣的进项税额。

(7) 简述业务（7）出售设备的行为是否应缴纳增值税并说明理由。

(8) 计算当期可抵扣的进项税额。

(9) 计算当期应向其机构所在地主管税务机关缴纳的增值税。

(10) 计算当期应向其机构所在地主管税务机关缴纳的消费税。

(11) 计算当期应向其机构所在地主管税务机关缴纳的城市维护建设税、教育费附加和地方教育附加。

第5、10、11、13、14、15、16、28、29记 99记 知识链接

170　甲卷烟厂为增值税一般纳税人，2024年8月发生下列业务：

（1）当月以直接收款方式销售A牌卷烟80箱，取得销售额256万元；以分期收款方式销售A牌卷烟350箱，销售额1 330万元，合同约定当月收取50%的货款，实际收到30%。

（2）以赊销方式从乙烟丝厂购入一批烟丝，取得乙厂开具的增值税专用发票上注明金额300万元，税额39万元。由于资金紧张，月末以90箱A牌卷烟抵顶所欠乙卷烟厂货款。

（3）本月将购入的烟丝全部生产领用于加工A牌卷烟。

（4）以其自有的C香烟品牌开展电子烟业务，委托丙电子烟厂加工C品牌电子烟。提供的原材料成本为200万元，丙厂收取加工费20万元。收回后将60%出售给批发企业，取得销售额400万元。另40%尚未出售。甲厂将电子烟业务与卷烟业务分开核算。

（5）上个月销售的2箱B型卷烟因质量问题被顾客退回。

（其他相关资料：A牌卷烟为甲类卷烟，生产环节甲类卷烟消费税税率56%加0.003元/支，电子烟生产环节消费税税率36%，烟丝消费税税率30%。上述销售额和费用均不含增值税。）

要求：

根据上述资料，按照下列序号回答问题，如有计算需计算出合计数。

(1)　计算业务（1）应缴纳的消费税。

(2)　计算业务（2）应缴纳的消费税。

(3)　计算8月份卷烟业务应向税务机关申报缴纳的消费税。

(4)　计算业务（4）应缴纳的消费税。

(5)　判断业务（5）甲企业能否申请退还消费税并说明理由，如能申请退税请说明退税手续。

第23、24、26、27记　**99记**知识链接

171　某化妆品生产企业为增值税一般纳税人，2024年8月经营状况如下：

（1）以邮运方式从国外进口一批高档化妆品，经海关审定的货价为30万元、邮费1万元。当月销售80%取得不含税收入44万元。

（2）生产普通保湿精华一批，将其中的30%用于销售，开具的增值税专用发票注明金额10万元、税额1.3万元。将剩余70%的普通保湿精华添加活性成分后，调制为高档保湿面霜，当月全部销售，取得含税价款20万元，另收取包装费2万元。

（3）生产高档粉底液一批，将10%的高档粉底液用于生产中低档粉底液，中低档粉底液采用赊销方式销售，不含税总价为6万元，货已经全部交付，合同约定9月31日付款。将剩余90%的高档粉底液直接对外销售，取得含税价款22.6万元。

（4）该公司以一个月为消费税纳税期，由于各种原因未按期申报7月份的消费税税款，到8月28日经主管税务机关发现并发出催缴通知书，限期该公司在3日内申报缴纳。但该公司以资金紧张为由，逾期仍未申报。

（其他相关资料：关税税率为15%、消费税税率为15%。）

要求：

根据上述资料，按照下列序号回答问题，如有计算需计算出合计数。

(1) 计算业务（1）应缴纳的消费税。

(2) 计算业务（2）应缴纳的消费税。

(3) 计算业务（3）应缴纳的消费税。

(4) 依据《税收征收管理法》，回答该公司未按期缴纳7月份消费税税款时，税务机关的处理办法，以及逾期仍未申报时，税务机关可以采取的措施。

第23、24、25、32、92记 知识链接

172　　某酒类生产企业为增值税一般纳税人，2024年8月经营状况如下：

（1）生产食用酒精一批，将其中的50%用于销售，开具的增值税专用发票注明金额10万元、税额1.3万元。将剩余50%的食用酒精作为酒基，加入食品和药材添加剂调制成35.2度的配制酒共5 000升并取得了国食健字文号，当月全部销售，开具的增值税专用发票注明金额18万元、税额2.34万元。

（2）从境外葡萄酒生产企业进口葡萄酒一批，经海关审定的关税完税价格为20万元，缴纳了进口环节税款并取得相应的凭证后，当期全部领用用于连续生产调制葡萄酒。将调制好的葡萄酒90%对外销售，开具的增值税专用发票上注明金额36万元、税额4.68万元。将剩余10%的葡萄酒发放给职工作为节日福利。

（3）生产A型白酒100吨，向商业企业销售60%，不含税销售价格为2.5万元/吨，另收取品牌使用费6万元。移送剩余的40%给自设非独立核算门市部并于当期全部对外销售，不含增值税移送价为1.5万元/吨，门市部对外不含增值税售价为3万元/吨。

（其他相关资料：白酒消费税税率为20%加0.5元/500克（毫升），其他酒类消费税税率为10%，葡萄酒关税税率为15%。）

要求：根据上述资料，按照下列序号回答问题，如有计算需计算出合计数。

(1) 计算业务（1）应缴纳的消费税。

(2) 计算业务（2）应缴纳的进口环节消费税。

(3) 计算业务（2）将调制葡萄酒对外销售及发给职工应缴纳的消费税。

(4) 计算业务（3）应缴纳的消费税。

(5) 简要说明税务机关应核定白酒消费税最低计税价格的两种情况。

第21、22、23、25、32记 知识链接

173　某铁矿企业为增值税一般纳税人。2024年8月发生以下业务：

（1）从国外某铁矿公司进口铁矿石原矿5 000吨，支付买价折合人民币500万元，其中包含包装费及保险费折合人民币10万元。

（2）从普通矿山开采铁矿石原矿9 000吨，将其中5 000吨直接对外出售，取得销售额425万元，销售额中包括从坑口到指定交货地点的运杂费5万元，已取得增值税发票。

（3）另外4 000吨铁矿石原矿与从国内购入的已税铁矿石原矿1 000吨按4:1的比例混合后，连续加工为铁矿石精矿500吨，全部对外销售，取得销售额500万元。已知国内购入的铁矿石原矿不含税单价900元/吨。

（4）从衰竭期矿山开采铁矿石原矿2 000吨，直接对外销售1 000吨，取得销售额140万元。

（5）开采铁矿石过程中取用地下水资源，采取疏干排水方式计算排水量共计230吨。

（其他相关资料：上述销售额均不含增值税。该企业所在地铁矿石原矿资源税税率为5%，铁矿石精矿的资源税税率为3%。该企业所在地区已纳入到水资源改革试点地区，水资源税为地表水0.8元/立方米，地下水4元/立方米，地下水密度=1吨/立方米。）

要求：

根据上述资料，按照下列序号回答问题，如有计算需计算出合计数。

（1）判断业务（1）是否需要缴纳资源税，如不需要请简述理由，如需要缴纳请计算应缴纳的资源税额。

（2）计算业务（2）应缴纳的资源税。

（3）计算业务（3）应缴纳的资源税。

（4）计算业务（4）应缴纳的资源税。

（5）计算业务（5）应缴纳的水资源税。

第42、43、44记 知识链接

174　2024年8月，某大型工业企业排放应税污染物的情况如下：

（1）直接排放大气污染物1 000万立方米，其中二氧化硫120毫克/立方米。当地大气污染物每污染当量税额1.2元，二氧化硫污染当量值（千克）为0.95。

（2）产生炉渣和冶炼渣共计159吨，其中在符合国家和地方环境保护标准的场所处置10吨、依法转移至其他单位进行贮存5吨，另将4吨按符合国家规定的方式进行综合利用。当地炉渣和冶炼渣的单位税额为25元/吨。

（3）该工业企业只在昼间生产，工业生产产生噪声最高为68分贝，该公司所在区域噪声临界标准为昼间不超过65分贝。当地规定，工业噪声超标1～3分贝的，每月税额为350元。经统计，该企业昼间工业噪声超标的天数不足15天。

（其他相关资料：二氧化硫为该企业排放口的前三项污染物，不考虑该企业排放的其他废气，当地规定的二氧化硫排放标准为200毫克/立方米，1克=1 000毫克。）

要求：

根据上述资料，按照下列序号回答问题，如有计算需计算出合计数。

(1) 计算当月排放大气污染物应缴纳的环境保护税。

(2) 计算当月固体废物应缴纳的环境保护税。

(3) 计算该当月工业噪声应缴纳的环境保护税。

(4) 简述环境保护税的纳税义务发生时间和纳税地点。

专题四　房地产相关税种

175　2024年8月，某县税务机关拟对辖区内某房地产开发企业（一般纳税人）开发的房地产项目进行土地增值税清算，该房地产开发企业提供的资料如下：

（1）2019年9月以36 000万元从政府手里取得一宗土地使用权，并缴纳了契税，对其受让面积的50%用于建造该房地产项目。

（2）2020年4月开始动工建设，发生开发成本6 000万元，其中包含了尚未支付给施工工程企业的质保金600万元（已取得施工工程企业开具的发票）、装修费用900万元、归属于配套幼儿园的开发成本500万元（该幼儿园产权归全体业主所有）。

（3）按已转让房地产项目计算分摊的小额贷款公司利息支出3 000万元（已经取得贷款证明，按照商业银行同类同期贷款利率计算的利息为2 000万元）。

（4）2024年2月该房地产项目竣工验收，截至2024年7月，该项目已销售可售建筑面积的80%，共计取得不含税收入48 000万元，可售建筑面积的10%赠送给本企业优秀职工。

（5）允许扣除的与转让房产有关的税金及附加为312.12万元。该企业已预缴土地增值税960万元。

（其他相关资料：当地适用的契税税率为3%；当地省政府规定的房地产开发费用的扣除比例为5%。）

要求：根据上述资料，按照下列序号回答问题，如有计算需计算出合计数。

(1) 简要说明税务机关可以要求纳税人进行土地增值税清算的理由。

(2) 计算该企业清算土地增值税时允许扣除的取得土地使用权支付的金额。

(3) 计算该企业清算土地增值税时允许扣除项目金额的合计数。

(4) 计算该企业清算土地增值税时应确认的应税收入金额。

(5) 计算该企业清算土地增值税时应补缴的土地增值税。

第55、56、57记　99记 知识链接

176　A市某机械厂为增值税一般纳税人，2024年8月因企业搬迁将原厂房出售，相关资料如下：

（1）该厂房于2015年3月购进，会计账簿记载的该厂房入账原价为1 600万元，账面净值320万元。购房发票注明金额为1 560万元，缴纳契税46.8万元并取得完税凭证。

（2）转让厂房取得含税收入3 100万元（增值税未单独列明）。该机械厂选择简易计税方法计税。

（3）转让厂房时因故未能取得评估价格。

（其他相关资料：产权转移书据印花税税率为0.5‰；计算允许扣除的税金及附加时考虑地方教育附加。）

要求：

根据上述资料，按照下列序号回答问题，如有计算需计算出合计数。

(1) 简述该机械厂可以选择简易计税方法的理由。

(2) 计算土地增值税准予扣除的与转让房地产有关的税金。

(3) 计算土地增值税准予扣除项目金额的合计数。

(4) 计算转让厂房应缴纳的土地增值税。

(5) 简述机械厂办理土地增值税纳税申报的期限和地点。

第55、56、57记 99记 知识链接

177 甲公司为增值税一般纳税人，拥有一栋自用的仓库，账面原值为7 000万元。2023年该企业经营业务如下：

（1）1月与供应商签订一份中央空调采购合同，合同列明不含税金额为100万元。当月因方案调整，经协商减少采购数量，将原合同修改为不含税金额80万元。该中央空调全部用于仓库改造大修。

（2）1月1日开始对自有仓库进行大修，导致仓库停用，修理工程于7月底完工，7月31日仓库重新投入使用。大修期间以新采购的中央空调替换旧中央空调系统，并更换了全部灯具。已知旧中央空调的账面价值为30万元。旧灯具账面价值0.2万元，新灯具入账价值1万元。

（3）9月31日签订租赁合同将该仓库对外出租并交付给承租人。租赁合同中约定含增值税租金为5万元/月，租期1年，共计60万元（增值税未单独列示）。已知该仓库租金采用简易计税方法。

（4）12月31日因经营需要，将该仓库与乙公司的一栋厂房进行等价互换。

（已知当地政府规定的房产原值减除比例为30%。买卖合同印花税税率为0.3‰，租赁合同印花税税率为1‰）

要求：

根据上述资料，按照下列序号回答问题，如有计算需计算出合计数。

(1) 计算业务（1）应缴纳的印花税。

(2) 大修期间的仓库是否需要缴纳房产税？请简述理由。

(3) 计算业务（3）应缴纳的印花税。

(4) 列式计算甲公司2023全年应缴纳的房产税。

(5) 将仓库与乙公司厂房进行互换是否需要缴纳土地增值税和契税，简述其政策依据。

第40、50、51、52、55记 99记 知识链接

专题五　企业所得税法

178 位于海南自由贸易港的中外合资软件生产企业，外资持股比例是25%，成立于2018年1月，自2021年开始被认定为国家鼓励的软件企业（非重点软件企业）并于当年实现盈利。2023年全年主营业务收入7 500万元，其他业务收入2 300万元，营业外收入1 200万元，主营业务成本6 000万元，其他业务成本1 300万元，营业外支出800万元，税金及附加420万元，销售费用1 800万元，管理费用1 200万元，财务费用380万元，投资收益1 700万元。当年发生的部分业务如下：

（1）接受非关联单位捐赠研发设备一台，取得增值税专用发票注明金额30万元、进项税额3.9万元，经审核该捐赠的设备仍在往来款账目中核算，未按规定计入"营业外收入"科目。

（2）12月10日签订两项借款合同，向非关联供货商借款100万元，向银行借款400万元，未计提印花税。。

（3）实际发放职工工资1 400万元，发生职工福利费支出200万元，实际缴付工会经费30万元并取得专用收据，当年实际发生职工教育经费支出165万元（含职工培训费用80万元）。以前年度累计结转至本年的职工教育经费扣除额为15万元。

（4）发生广告支出1 542万元，发生业务招待费支出90万元（其中有20万元未取得合法票据）。

（5）该企业接受境内关联企业甲公司的权益性投资金额为2 000万元。年初以年利率6%向甲公司借款5 000万元，支付利息300万元计入财务费用，金融机构同期同类贷款利率为5%，该企业实际税负高于甲公司，并无法提供资料证明其借款活动符合独立交易原则。

（6）收到用于扩大再生产的即征即退增值税税款60万元，企业对其单独进行核算并计入了其他收益科目。

（7）取得国债利息收入40万元，企业债券利息收入500万元。

（8）营业外支出中含未决诉讼确认的预计负债300万元，替员工负担的个人所得税15万元。

（9）2023年向企业全体股东分配股息1 000万元，向境外股东支付特许权使用费含税金额共计50万元。

（其他相关资料：借款合同印花税税率为0.05‰；除非特别说明，各扣除项目均已取得有效凭证，相关优惠已办理必要手续，不考虑税收协定。）

要求：

根据上述资料，按照下列顺序计算回答问题，如有计算需计算出合计数。

(1) 计算业务（2）应缴纳的印花税。

(2) 计算业务（1）和业务（2）应调整的利润总额。

(3) 计算业务（3）应调整的应纳税所得额。

(4) 计算业务（4）应调整的应纳税所得额。

（5）计算业务（5）应调整的应纳税所得额。

（6）简要说明业务（6）取得的即征即退税款是否应缴纳企业所得税，并计算应调整的应纳税所得额。

（7）计算业务（7）应调整的应纳税所得额。

（8）计算业务（8）应调整的应纳税所得额。

（9）计算业务（9）应扣缴的增值税额、预提所得税税额。

（10）回答国家鼓励的软件企业适用的企业所得税优惠政策，并与其适用的地区优惠税率进行比较，说明哪种优惠方式使企业税负更低。

（11）在企业选择较低税负的前提下，计算该企业当年应缴纳的企业所得税税额。

第40、59、61、63、65、66、67记 99记 知识链接

179 某环保技术企业2023年全年主营业务收入3 500万元，其他业务收入1 300万元，营业外收入940万元，主营业务成本600万元，其他业务成本460万元，营业外支出410万元，税金及附加240万元，销售费用1 200万元，管理费用1 200万元，财务费用105万元，投资收益282万元，其中来自境内非上市居民企业分得的股息收入100万元。企业自行核算的会计利润为1 807万元。

当年发生的部分业务如下：

（1）将一处价值600万元的仓库对外出租，于11月30日将该房产交付。合同约定不含税租金总额为108万元，租赁期3年，租金每半年支付一次。该房产全年未计算缴纳房产税。

（2）接受100%控股母公司乙无偿划转的一台设备。该设备原值3 000万元，已按税法规定计提折旧500万元，其市场公允价值为2 200万元。该业务符合特殊性重组条件，企业选择采用特殊性税务处理。

（3）5月25日支付100万元从A股市场购入股票10万股，另支付交易费用0.1万元，企业将其划入交易性金融资产，企业进行了正确的会计处理，分录如下：

借：交易性金融资产 　　　　　　　　　1 000 000

　　投资收益 　　　　　　　　　　　　　　1 000

　　贷：银行存款 　　　　　　　　　　　　　　1 001 000

（4）将购进的三年期国债出售，取得转让收入117万元。出售时持有该国债恰满两年，该笔国债的买入价为100万元，票面金额100万元，票面利率（年）5%，合同约定利息国债到期时一次支付（转让时尚未兑付利息）。该公司将所得17万元计入投资收益。

（5）当年发生广告费支出480万元，以前年度累计结转尚未扣除的广告费为160万元。

（6）当年实际发放职工工资280万元（含残疾职工工资15万元），职工福利费64.7万元，拨缴工会经费5万元，职工教育经费支出19万元。

（7）从事符合规定的研发活动，发生研发费用支出600万元；另外委托境外研发，发生研发费用150万元（已实行专账管理）。

（8）当年转让一项账面价值为300万元的专利技术，转让收入为1 200万元，该项转让已经省科技部门认定登记。

（9）当年购置了环境保护专用设备价款600万元（不含增值税）并投入使用，该设备属于《环境保护专用设备企业所得税优惠目录》所列设备。

（10）将一批外购的设备通过县级以上人民政府对目标脱贫地区捐赠，市场价值为200万元，取得政府部门开具的公益捐赠票据，相关金额已在营业外支出科目中正确核算。

（其他相关资料：当地房产余值减除比例为30%；除非特别说明，各扣除项目均已取得有效凭证，相关优惠已办理必要手续。）

要求：

根据上述资料，按照下列顺序计算回答问题，如有计算需计算出合计数。

(1) 计算业务（1）应缴纳的房产税。

(2) 回答企业重组特殊性税务处理的备案要求及不履行备案手续的相关后果，并简述该企业接受无偿划转设备的计税基础。

(3) 计算业务（3）应调整的应纳税所得额。

(4) 计算业务（4）应调整的应纳税所得额。

(5) 计算业务（5）应调整的应纳税所得额。

(6) 计算业务（6）应调整的应纳税所得额。

(7) 计算业务（7）应调整的应纳税所得额。

(8) 简述转让专利技术能享受哪些增值税和企业所得税优惠，并计算业务（8）应调整的应纳税所得额。

(9) 判断业务（9）能否享受固定资产一次性扣除的政策并说明理由。

(10) 简述业务（10）应进行的增值税处理和企业所得税处理。

(11) 计算该公司全年应纳税所得额。

(12) 计算该公司当年企业所得税应纳税额，并简述环境保护专用设备抵免税额的政策以及当年不足抵免的处理。

第40、50、61、62、63、64、66、69记 知识链接

180　某市饮料制造企业甲为增值税一般纳税人，注册资本1 000万元，适用企业所得税税率25%，2023年度实现营业收入65 000万元，自行核算的会计利润为5 400万元，2024年3月经聘请的会计师事务所审核后，发现2023年存在如下事项：

（1）市政府为支持行业发展，每户定额拨付财政激励资金300万元，已收到资金，将其全额计入营业外收入并作为企业所得税不征税收入，经审核符合税法相关规定。

（2）6月采用支付手续费方式委托乙公司销售饮料，不含税价格为3 000万元，成本为2 000万元，商品已经发出；截至2022年12月31日未收到代销清单，甲企业未对该业务进行会计、增值税和企业所得税相应处理。

（3）6月份购置一台生产设备并投入使用，支付的不含税价格为1 600万元，会计核算按照使用期限10年、预计净残值率5%计提了折旧，由于技术进步原因，企业采用最低折旧年限法在企业所得税前扣除。

（4）2020年对10名高管授予限制性股票，约定服务期满3年后每人可按3元/股购买10 000股股票，授予日股票公允价值为10元/股。2023年8名高管进行行权，行权日股票公允价值为14元/股，行权当年会计上确认管理费用的金额为0（符合企业会计准则的规定）。

（5）成本费用中含实际发放的合理职工工资4 000万元，发生的职工福利费600万元、职工教育经费400万元，拨缴的工会经费80万元（已取得合规收据）。

（6）发生业务招待费400万元，广告和业务宣传费1 200万元。

（7）通过县级民政局进行公益性捐赠700万元，另外直接向贫困山区捐赠现金100万元。

（8）企业从2017年以来经税务机关审核后的应纳税所得额数据如下表（单位：万元）。

年份	2017年	2018年	2019年	2020年	2021年	2022年
应纳税所得额	−5 000	−1 500	−400	1 000	1 500	2 000

要求：

根据上述资料，按照下列顺序计算回答问题。如有计算需计算出合计数。

(1) 简要说明业务（1）的财政补贴收入是否需要缴纳增值税。

(2) 计算业务（1）应调整的应纳税所得额，并简述允许作为企业所得税不征税收入需同时满足的条件。

(3) 判断业务（2）中企业增值税和所得税处理是否正确并说明理由。

(4) 分别计算业务（2）应补缴的增值税和附加税费。

(5) 计算业务（3）应调整的应纳税所得额。

(6) 计算业务（4）应调整的应纳税所得额。

(7) 计算业务（5）应调整的应纳税所得额。

(8) 计算业务（6）应调整的应纳税所得额。

(9) 计算业务（7）应调整的应纳税所得额。

(10) 计算甲企业当年可弥补的以前年度亏损额。

(11) 计算甲企业当年应缴纳的企业所得税。

第6、10、28、29、59、63、65、66记 99记 知识链接

---

181 生物医药制造企业甲为非上市公司（以下简称甲公司），为增值税一般纳税人。2023年9月份国家高新技术企业资质到期，于2024年4月份重新申请后再次取得国家高新技术企业资质。2023年度甲公司实现营业收入60 000万元，自行核算的会计利润为5 000万元。2024年4月其聘请的税务师事务所在进行2023年度企业所得税汇算清缴时发现如下事项：

（1）该公司年初拥有载人大客车5辆，7月1日购入挂车10辆，经审核发现大客车和挂车均未缴纳车船税。已知挂车整备质量为40吨。

（2）接受其母公司乙捐赠的一台生产设备，取得增值税专用发票，注明设备价款800万元、税款104万元，进项税额已抵扣，会计上将其计入资本公积。甲、乙公司就该项赠予事宜无书面合同或协议约定。

（3）投资收益科目中核算从直接投资的未上市居民企业分回的股息100万元；从持有期不足1年的上市居民企业分回的股息50万元。

（4）财务费用中核算发行永续债的利息支出100万元，已知该永续债符合条件且选择适用股息、红利企业所得税政策。

（5）以某OTC药物生产线，以及相关的债权、负债、劳动力打包向丙公司投资，换取丙公司30%股权，对应公允价值为12 000万元。该打包业务资产账面净值10 000万元（计税基础相同），相关所得已在会计利润中核算。甲公司已申请适用非货币性资产投资的税收政策。

（6）购进一台价值460万元的机器设备，并实际投入使用，会计上当年计提折旧90万元。企业选择一次性在企业所得税前扣除。

（7）销售费用中含手续费及佣金100万元，该笔费用以银行转账方式向有资质的中介服务机构支付，双方合同确认的收入金额为1 000万元。

（8）销售费用中含计提的药物不良反应质保金400万元。

（9）发生广告费10 000万元、业务宣传费4 000万元，已在相关费用中核算。

（10）成本、费用中包含实际发放的职工工资3 000万元、直接发放给非福利部门劳务派遣员工的工资100万元、职工福利费500万元、职工教育经费210万元、工会经费80万元。另外，上年度结转至本年的职工教育经费为80万元。

（其他相关资料：载货汽车每吨年税额80元，载人大客车每辆年税额800元；非货币性资产投资采用税法所规定的最长年限；不考虑其他未说明的条件和税款滞纳金；若无特殊说明，上述业务均已取得合法票据。）

要求：

根据上述资料，按照下列顺序计算回答问题，如有计算需计算出合计数。

(1) 计算业务（1）中应补缴的车船税（以万元为单位）。

(2) 计算业务（2）应调整的应纳税所得额。

(3) 计算业务（3）应调整的应纳税所得额。

(4) 计算业务（4）应调整的应纳税所得额。

(5) 简要说明甲公司非货币性资产对外投资企业所得税处理，并计算应调整的应纳税所得额。

(6) 计算业务（6）应调整的应纳税所得额。

(7) 计算业务（7）应调整的应纳税所得额。

(8) 计算业务（8）应调整的应纳税所得额。

(9) 计算业务（9）应调整的应纳税所得额。

(10) 计算业务（10）应调整的应纳税所得额。

(11) 计算调整后的会计利润。

(12) 计算当年该企业的企业所得税应纳税所得额。

(13) 说明2023年企业是否可以享受高新技术企业的税收优惠，并说明理由。

(14) 计算当年该企业应缴纳的企业所得税额。

第59、60、61、63、65、66记　**99记** 知识链接

专题六 个人所得税法

182 居民个人李某与其妻子在某省会城市工作，无自有住房，每月支付房租3 000元。2023年相关的收入及支出如下：

（1）全年从单位领取扣除按规定比例缴纳的社保费用、住房公积金、个人缴纳的企业年金后的工资共计136 800元。此外，李某购买个人养老金12 000元。

（2）4月应邀为乙培训机构授课，按照合同规定，课酬为3 600元，培训机构已按规定支付了课酬。

（3）5月购买福利彩票中奖30万元，通过县级人民政府对农村义务教育事业捐款10万元并取得相关捐赠票据，选择在本次中奖所得中直接扣除。

（4）12月从单位领取年终奖80 000元。

（其他相关资料：每月按首套住房贷款利率为其购于老家某县城的自有房产偿还房贷2 000元；以上相关专项附加扣除均由李某100%扣除。）

综合所得个人所得税税率表（年度）部分

级数	全年应纳税所得额	税率（%）	速算扣除数（元）
1	不超过36 000元的	3	0
2	超过36 000元至144 000元的部分	10	2 520
3	超过144 000元至300 000元的部分	20	16 920
4	超过300 000元至420 000元的部分	25	31 920

综合所得个人所得税税率表（月度）部分

级数	应纳税所得额	税率（%）	速算扣除数（元）
1	不超过3 000元的	3	0
2	超过3 000元至12 000元的部分	10	210
3	超过12 000元至25 000元的部分	20	1 410
4	超过25 000元至35 000元的部分	25	2 660

要求：

根据上述资料，按照下列序号回答问题，如有计算需计算出合计数。

（1）从税后所得最大化出发，回答李某应选择享受的专项附加扣除并说明理由。

（2）计算李某取得的课酬支付方应预扣预缴的个人所得税。

（3）计算李某取得的彩票中奖收入应缴纳的个人所得税。

（4）假设采用税后所得最大化的专项附加扣除方案和年终奖单独计税方式，计算汇算清缴时李某全年综合所得应缴纳的个人所得税税额。

（5）从税收策划角度出发，回答李某对其年终奖选择单独纳税与并入综合所得合并纳税，哪种方式对自己更有利，并简要说明理由。

第72、73、77、78、80、83记 **99记** 知识链接

183　国内某上市公司高级工程师王先生为我国居民，其儿子就读于某小学，本人在境内接受研究生学历继续教育。2023年度个人收入及支出情况如下：

（1）每月工资9 800元，每月单位代扣"三险一金"2 000元。

（2）1月在国外讲课，从境外M国取得劳务报酬折合人民币20 000元，在M国已被代扣代缴国外个人所得税折合人民币3 200元。

（3）2月对2019年2月上市公司授予的股票期权30 000股行权，每股施权价9元，行权当日该股票的收盘价为16元。

（4）3月因持有2022年1月购买的A股上市公司股票1 000股，取得该公司分配股息2 000元，4月将持有的股票全部卖出，取得股票转让所得3 000元。4月另取得2023年1月购买的另一A股上市公司股票分红4 000元。

（5）10月从M国取得未上市公司的股权转让收入折合人民币56 000元，该股权初始投资原值折合人民币3 000元（不考虑税费），在M国已被代扣代缴个人所得税折合人民币5 300元。

（其他相关资料：子女教育专项附加扣除由父母双方均按50%扣除；不考虑税收协定和其他因素。）

要求：

根据以上材料，按照下列序号回答问题，如有计算需计算出合计数。

（1）计算王先生从国内取得的工资收入全年累计应预扣预缴的个人所得税。

（2）计算王先生取得股票期权所得应缴纳的个人所得税。

（3）分别计算王先生取得的A股上市公司股票分红以及股票转让收入应缴纳的个人所得税。

（4）计算王先生当年来源于M国的综合所得的抵免限额。

（5）计算王先生来源于M国全部所得的抵免限额，并简要说明王先生是否需要就境外所得进行补税，应在何时进行申报。

第73、77、79、80、82、83记 **99记** 知识链接

184　小陈以个体工商户形式经营一家包子铺。该包子铺账证健全，按月预缴个人所得税。2023年经营情况如下：

（1）12月取得经营收入160 000元，当月支付业主工资15 000元，当月发生其他成本、费用和相关税金共计122 000元，其中包括生产经营与个人家庭生活混用难以分清的费用20 000元。

（2）12月取得与其他企业联营而分得的利润15 000元。

（3）1—11月经营所得累计应纳税所得额为152 500元（未扣除业主的费用减除标准和专项附加扣除），1—11月累计已预扣预缴经营所得个人所得税20 000元。

（4）按照当地规定，当年允许享受残疾人相关税额减免2 000元。

（其他相关资料：该个人工商户业主本人为独生子女，无其他收入，且2023年全年均享受住房贷款利息和赡养老人专项附加扣除。不考虑专项扣除和未说明的其他扣除。）

要求：

根据上述资料，按照下列序号回答问题，如有计算需计算出合计数。

(1) 计算12月当月预扣预缴的应纳税所得额。

(2) 计算2023年全年应纳税所得额。

(3) 简要说明与其他企业联营分回的利润应如何缴纳个人所得税，并计算应纳税额。

(4) 计算2023年全年经营所得应缴纳的个人所得税税额。

(5) 简述经营所得预缴和汇算清缴的时间期限。

第72、73、74记　99记 知识链接

185　某大学医学教授刘某为我国居民个人。其与妻子共同育有一子一女，儿子在国内读高中，女儿在国外读大学本科。刘某与其妻子约定由刘某全额扣除子女教育专项附加扣除。2023年取得的部分收入如下：

（1）1～6月在该医学院任职，每月扣除按规定比例缴纳的社保和公积金之后领取工资收入20 000元。该医学院依照国家标准为全体员工办理了职业年金，每月单位缴存金额800元。

（2）3月取得该年金计划分配的上年度投资收益2 000元，并计入刘某年金个人账户。

（3）7月1日起，从医学院正式办理退休后开始按月领取企业年金，每月可领取3 000元年金。同时每月按照国家规定领取离退休工资5 000元。

（4）8月1日将一套自有住房对外出租，租金收入每月6 000元（不含增值税），每月允许扣除的相关税费240元，8月实际支付该房屋的修缮费1 200元、物业费600元，均取得发票等合法凭证。

（5）9月以218元/份的价格转让企业债券500份，发生相关税费870元。该债券为2020年11月以200元/份的申购价购买，共购买1 000份，申购时支付相关税费700元。

（其他相关资料：刘某均在预扣预缴时申报享受专项附加扣除，除上述已知条件外，不考虑其他扣除项目及相关税费。）

要求：

根据上述资料，按照下列序号回答问题，如有计算需计算出合计数。

(1) 简要说明单位在退休前为刘某缴纳的年金，以及该年金投资收益计入个人账户时刘某是否应在当期缴纳个人所得税。

(2) 计算1～6月累计应预扣预缴的个人所得税。

(3) 简要说明退休后领取的年金和离退休工资应如何缴纳个人所得税。

(4) 计算出租住房8月应缴纳的个人所得税。

(5) 计算转让债券所得应缴纳的个人所得税。

第71、73、75、76、79、80记　99记 知识链接

专题七　国际税收

186　2021年我国居民企业甲在境外A国与当地企业合资成立了乙企业。甲企业持股50%。乙企业为A国居民企业（属于我国的非居民企业），主要从事研发和技术服务活动。除乙企业之外，甲企业没有其他境外投资。

2023年甲、乙企业部分经营业务如下：

（1）2023年居民企业甲企业向A国乙企业支付特许权使用费5 000万元（含应代扣代缴的税额）。乙企业未派人来中国提供服务，在境内没有设立经营机构或代理人。

（2）根据A国与我国间签订的税收协定，股息的预提所得税税率为10%，特许权使用费的预提所得税税率优惠至7%。

（其他相关资料：A国企业所得税税率为24%，我国甲企业适用的企业所得税税率为25%。）

要求：

根据上述资料，按照下列序号回答问题，如有计算需计算出合计数。

（1）请判断甲企业和A国乙企业是否属于关联方，以及甲企业是否需要准备关联交易本地文档，并简述原因。

（2）请列举两个或以上对甲、乙企业之间特许权使用费安排进行转让定价调整时可以采用的转让定价方法。

（3）请简述乙企业申请享受我国和A国税收协定中的特许权使用费优惠税率待遇的办理和享受方式。

（4）请计算该特许权使用费甲企业应代扣代缴的增值税。

（5）假设乙企业符合受益所有人条件，请计算甲企业应代扣代缴的预提所得税，并简述甲企业代扣代缴税款的时限要求。

第68、86、90记 **99记** 知识链接

187　我国居民企业A在境外进行了投资，相关投资架构及持股比例如下图。A企业选择采用分国不分项的境内外应纳税所得额计算方式。

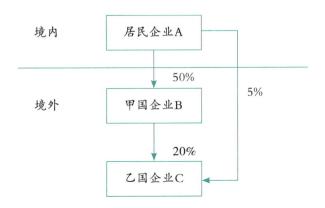

2023年经营及分配状况如下：

（1）乙国企业所得税税率为20%，预提所得税税率为15%，C企业应纳税所得总额1 400万元，C企业将全部税后利润按持股比例进行了分配。

（2）甲国企业所得税税率为30%，预提所得税税率为10%，B企业应纳税所得总额（该应纳税所得总额已包含投资收益还原计算的间接税款）2 000万元，其中包括来自C企业的投资收益224万元，该投资收益已经按照15%缴纳了乙国预提所得税33.6万元，同时B企业在甲国享受税收抵免后实际缴纳了企业所得税税款500万元，B企业将全部税后利润按持股比例进行了分配。

（3）居民企业A适用的企业所得税税率25%，其来自境内的应纳税所得额为4 000万元。

要求：

根据上述资料，按照下列序号回答问题，如有计算需计算出合计数。

（1）简述居民企业可适用境外所得税税收抵免的税额范围。

（2）分别判断企业C分回企业A的投资收益、企业B分回企业A的投资收益能否适用间接抵免优惠政策并说明理由。

（3）计算企业B所纳税额中属于由企业A间接负担的税额。

（4）计算企业A取得来源于企业B投资收益的抵免限额。

（5）计算企业A取得来源于企业B投资收益的实际抵免额。

第88记 99记 知识链接

---

188 2018年境外A公司出资3 500万元在我国境内成立M公司。A公司、M公司2023年部分业务如下：

（1）截至2022年12月31日，M公司账面累计未分配利润300万元。2023年1月20日，M公司董事会作出利润分配决定，向A公司分配股息200万元。

（2）1月20日A公司决议将M公司应分回股利用于购买我国境内非关联方C公司的股权，同日相关款项直接从M公司转入C公司账户。

（3）3月5日，M公司向A公司支付商标使用费530万元，该商标被授权在中国境内使用，A公司针对该商标使用费未派遣人员来中国。

（4）11月10日，M公司向A公司支付咨询服务费800万元，A公司派遣相关人员来中国提供相关咨询服务，项目相关人员在中国境内累计停留共计200天。

（其他相关资料：C公司为非上市企业，C公司所从事的业务为非禁止外商投资的项目和领域。A公司在我国境内无登记注册，无会计账簿，也未设立机构场所。我国与A公司所在国签署的双边税收协定中有常设机构相关条款。）

要求：根据上述资料，按照下列序号回答问题，如有计算需计算出合计数。

（1）判断A公司从M公司分得的股息是否可以享受暂不征收预提所得税的政策，并简述理由。

（2）简述外国投资者享受暂不征收预提所得税政策需满足的条件。

（3）简要说明A公司取得的咨询服务费是否属于来源于中国境内的所得。

（4）判断M公司支付给A公司的咨询服务费是否需要办理税务备案手续，并说明理由。

（5）判断M公司向A公司提供的咨询服务是否构成中国常设机构，并说明该咨询服务费应采用何种方式缴纳企业所得税。

第67、85、87记　99记 知识链接

189　甲公司注册成立于开曼群岛（实际管理机构不在中国），2022年通过在新加坡设立的乙公司而投资于中国居民企业丙公司。股权架构和持股比例如下所示：

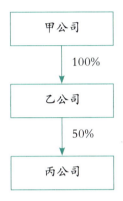

2023年发生如下业务：

（1）4月1日，丙公司根据协议向甲公司支付某项特许权使用费1 000万元（含税）。该特许权在中国国内使用，甲公司未派遣人员来中国。

（2）6月1日，丙公司作出决议向乙公司派分股息1 500万元，当月尚未支付。

（3）12月，甲公司拟通过转让乙公司股权的方式，将其在丙公司的股权出售给其他潜在投资者。

（其他相关资料：根据甲公司和乙公司间协议，乙公司应在收到丙公司分配的股息后10个工作日内将全部股息支付给甲公司。乙公司在新加坡无实质性经营活动，无人员和场所，不属于新加坡居民企业。根据中国与新加坡的税收协定，股息的预提所得税税率允许降低至5%。）

要求：

根据上述资料，按照下列序号回答问题，如有计算需计算出合计数。

（1）说明丙公司向甲公司支付特许权使用费时应代扣代缴哪些税款，并分别计算相应税额。

（2）判断乙公司是否能享受中新税收协定中对于股息的优惠税率条款，并说明理由。

（3）说明丙公司向乙公司支付股息时应代扣代缴哪些税款，并分别计算相应税额。

（4）分析甲公司拟进行的股权出售交易是否需要在中国缴纳企业所得税，并说明理由。

（5）列举至少两项甲公司向中国税务机关报告该交易时应提供的资料。

第68、86、89记　99记 知识链接

番外篇

时间对所有人都是公平的，是你的付出与努力让你最终变得与众不同，复习备考之路更是如此。

愿你不论发生什么，都能做到不忘初心，不言放弃，暮然回首时能对自己说一句问心无愧！加油！

陈东硕